LES NOTAIRES

DES MÊMES AUTEURS

Laurence de Charette

EDF, un scandale français, Robert Laffont, 2004
(avec Marie-Christine Tabet)

Denis Boulard

Prière de pardonner, roman,
L'Aube, 2008

Carnets de terres, nouvelles,
Sens et Tonka, 2006

LAURENCE DE CHARETTE
DENIS BOULARD

LES NOTAIRES

Enquête sur la profession la plus puissante de France

ROBERT LAFFONT

ISBN 978-2-221-11464-3

Avant-propos

Nombreux sont les Français – on les estime à un tiers de la population – à se rendre chaque année chez un notaire, que ce soit pour signer ou pour préparer un engagement qui représente un moment-clé de leur existence. L'achat d'un bien immobilier, un mariage, un divorce ou encore une succession sont des événements lourds de conséquences, tant au plan émotionnel que financier. Pourtant, la manière dont est organisée cette profession hors du commun reste profondément méconnue.

Lorsqu'ils ne sont pas en charge du destin de monsieur Tout-le-monde, les notaires conseillent non seulement les riches et les puissants, dont ils connaissent les secrets, mais encore l'ensemble des élus et des notables. De fait, ce sont des enjeux financiers considérables qu'ils contrôlent. Ils traitent quelque 600 milliards d'euros de capitaux et réalisent, avec leurs 6 milliards d'euros et plus, un chiffre d'affaires annuel identique à celui auquel parviennent leurs frères ennemis les avocats, sinon qu'ils le réalisent à neuf mille, quand les avocats sont, pour le même résultat, près de cinquante mille. Le notariat constitue un lobby sans équivalent dans la société française.

Si depuis l'époque d'Honoré de Balzac et de ses clercs compassés la profession s'est considérablement modernisée, ses règles internes ont peu évolué. Les notaires forment une corporation savamment organisée et extrêmement disciplinée. C'est une machine bien huilée, capable de dicter sa loi au garde des Sceaux ou de faire échouer un projet de loi. Depuis la Deuxième Guerre mondiale, plus d'un gouvernement – droite et gauche confondues – a dû plier face à ses exigences.

L'argent alimente à flots cette mécanique sans faille. Le Conseil supérieur du notariat (CSN), l'instance suprême de la profession, pilote un budget de fonctionnement de près de 35 millions d'euros, financé par les cotisations des quatre mille cinq cents études de France. Mais le CSN est aussi et surtout à la tête d'une multitude de sociétés qui ont pris des dimensions colossales au cours des dernières années. La Caisse des dépôts et consignations (CDC), banquier attitré des notaires, ajoute encore annuellement près de 14 millions d'euros à cette fortune. La force de frappe financière du notariat lui a permis de tisser un réseau sans précédent.

Les notaires ont appris à se protéger pour préserver leur poule aux œufs d'or : le monopole des actes authentiques – les seuls actes quasiment incontestables – et des transactions immobilières, assurant l'essentiel, et de loin, de leurs bénéfices. Pour maintenir le niveau de revenus particulièrement élevé que permet ce monopole, la profession règle au cordeau sa propre extension. Conscient de bénéficier d'un statut d'exception, le notariat français vit en réalité dans la hantise de sa propre disparition. Le modèle juridique anglo-saxon ne se passe-t-il pas entièrement des notaires ? Cette crainte, qui n'est pas sans fondement, comme le révèle une note interne du ministère de l'Économie et des Finances de septembre 2009, pousse les notaires à améliorer sans cesse leurs performances. Mais aussi, plus que d'autres professions, à se serrer les coudes.

Cette organisation aux relents militaires présente un travers : le notariat n'affiche pas facilement ses errements. L'omerta reste la loi de ce milieu consanguin, qui préfère écarter ses moutons noirs en toute discrétion plutôt que risquer de détériorer l'image de l'ensemble de la profession. Après quelques retentissants scandales dans les années 1960 et 1970, les instances notariales ont redoublé de rigueur. Le contrôle interne annuel est aujourd'hui plus exigeant et l'informatisation rend les détournements de fonds plus difficiles à mettre en œuvre. Les notaires sont globalement considérés par leurs interlocuteurs comme des professionnels compétents et parfaitement honnêtes. Mais un office notarial demeure un lieu d'argent, et quelques tentations subsistent. Et puis, sur un total annuel avoisinant quatre millions et demi d'actes, il est inévitable que des erreurs se glissent. Trop souvent, les clients ne sont pas assez vigilants. Sans doute maintenus à distance par un langage abscons, ils s'en remettent aveuglément à leur notaire, officier ministériel.

Loin de vouloir jeter l'opprobre sur toute une corporation, cette enquête, qui a demandé plusieurs années, vise à faire découvrir les coulisses d'un théâtre où se jouent pour les Français quelques épisodes de leur vie parmi les plus saillants. L'office notarial, où viennent se concentrer petits et grands secrets de famille, répercute son image empreinte de mystère sur le notaire : il reste le confident des parents vieillissants, le conseil des jeunes couples en passe d'acquérir leur premier toit ou le recours des époux à la dérive. C'est aussi dans son bureau que se démêlent – ou pas – les écheveaux compliqués d'une succession ou d'un partage. Autour d'une étude gravitent toutes sortes de personnages atypiques, notamment les généalogistes successoraux, ces chasseurs de trésors et d'héritages des temps modernes.

C'est à un voyage au cœur d'un monde à part, où se mêlent intimement affaires d'argent, histoires de famille et tranches de vie, que convie cet ouvrage.

I

SECRETS DE FAMILLE

1

Dernières volontés

« Est-ce que je suis dans le testament ? » Ce jour-là, en ouvrant la porte au notaire clermontois, Jean-Philippe Rouchon s'est laissé gagner par l'émotion. En quelques minutes, cet ostéopathe bon père de famille a été brusquement rattrapé par son histoire – une histoire encombrante avec laquelle il vit malgré lui depuis une quarantaine d'années : Jean-Philippe porte le nom de sa mère, mais son véritable patronyme, il en est convaincu, n'est autre que Michelin. Oui, la célèbre marque de pneus, connue à travers la France et même bien au-delà des frontières... Mais dans le fief de la puissante famille industrielle la plus secrète de l'Hexagone où il a grandi, ce nom-là résonne avec de plus riches échos encore.

« Mais qui êtes-vous, monsieur ? » lui rétorque l'homme de loi. Le notaire n'est pas venu parler souvenirs de famille. Il est là, accompagné d'une jeune clerc prenant des notes, pour évaluer la valeur de l'appartement, dont il destine visiblement le produit à d'autres héritiers, légitimes ceux-là. Annick Rouchon, la mère de Jean-Philippe, âgée de plus de soixante-dix ans, vit dans cette résidence du Paradis, sur les hauteurs de Clermont-Ferrand, depuis la naissance de son fils. Patrice Michelin, tumultueux descendant des fondateurs de la célèbre marque, l'y a alors installée – « papa », comme le désigne Jean-Philippe déroulant son enfance. Pendant plusieurs années, Annick, jeune femme d'origine modeste, aveugle, exerçant l'ostéopathie, et Patrice, le vilain petit canard du clan Michelin, un coureur et un m'as-tu-vu qui s'affichait dans de clinquantes voitures quand l'ensemble de la famille cultivait jalousement la discrétion, deux êtres que tout opposait, ont vécu leur liaison au vu et au su de tout un chacun. Annick aurait fini par se lasser des trop nombreuses infidélités de son compagnon, jeune homme instable au sombre passé : au moment où leurs chemins s'étaient croisés, n'était-il pas celui qui venait d'abattre sa première épouse au cours d'une journée de chasse – par accident, s'était-il défendu ?

En ce jour d'hiver 2008, Jean-Philippe tente de convaincre son visiteur, Me Montagnon, qu'il est bien le fruit de cette idylle, le fils naturel de Patrice... Il brandit une analyse de sang remontant à 1969 (les tests ADN n'existaient pas à l'époque) : « Cet examen a été fait à la demande de ma mère, qui n'en pouvait plus d'être taxée de Marie-couche-toi-là. » Réponse technique du notaire, qui demande simplement à récupérer ce document pour le joindre à son dossier.

Pour cet officier ministériel, comme pour l'ensemble de la célèbre dynastie, le voile vient alors de se lever publiquement sur l'un de ces secrets de famille dont les notaires sont si souvent les dépositaires. Un an et demi plus tard, Jean-Philippe Rouchon assigne la famille Michelin en justice pour réclamer sa place.

L'ouverture d'un testament est un moment particulier dans la vie d'une étude, où l'on sait que la lecture des dernières volontés peut donner lieu à bien des découvertes. Ces paroles comme venues de l'au-delà contiennent souvent leur lot d'émotion et de révélations. Certains défunts veulent faire de ce document solennel une leçon de vie, tel ce militaire renommé qui avait rédigé sur plusieurs pages un texte qui bouleversa jusqu'à l'officier ministériel. « Lorsque j'en ai achevé la lecture, la famille pleurait, et moi aussi », témoigne Jean Tarrade, notaire dans l'une des études parisiennes les plus en vue. D'autres disparus entrouvrent enfin les portes sur la part la plus secrète d'eux-mêmes. Chez le notaire apparaissent jardins intimes, secrets de famille, amours illégitimes...

Roland Roux, notaire près d'Avignon, a encore en mémoire la révélation dont il a été malgré lui l'agent. Dans son bureau, il fait lecture aux deux frère et sœur installés en face de lui des documents adressés par le cadastre. « Vous allez donc hériter de la maison de votre mère, commence-t-il, pensant entamer un discours relativement banal, et de l'appartement voisin... » Il est brusquement interrompu : « L'appartement ! Mais quel appartement ? » s'exclame le frère. « J'ai vite compris que j'avais révélé à mon insu l'envers du décor, raconte Roland Roux. Cette femme à l'existence d'apparence lisse avait mené une double vie, que personne, pas même moi, ne soupçonnait... » Entrés en possession des clés de l'appartement secret, les deux héritiers ont pu se rendre sur place, étrange pèlerinage au cœur des souvenirs les plus intimes de leur mère. « Nous avons tourné la clé dans la serrure, raconte l'officier ministériel, nous sommes entrés en silence. L'appartement avait l'air inhabité depuis bien longtemps. Mais sur les meubles couverts de poussière, de nombreuses photos attestaient la longue liaison extraconjugale de leur mère... Je les ai laissés seuls. » Il y a près de dix ans, Didier a découvert chez son notaire l'existence d'un demi-frère quasiment du même âge que lui. « Lorsque nous nous sommes rencontrés pour la première fois à l'étude pour l'organisation de la succession de papa, tout le monde a constaté que nous nous ressemblions. Mais lui connaissait beaucoup de ma vie depuis longtemps, alors que j'ignorais tout de lui ! »

Contrairement à ce que montrent les films, la plupart des notaires n'ouvrent plus le testament directement devant les familles. Ils préfèrent photocopier le précieux document avant d'en donner lecture aux héritiers avec tout le cérémonial requis. Cette pratique a un fondement historique, ou peut-être fictif, mais qu'importe, l'anecdote est significative, et circule depuis longtemps dans le petit milieu notarial. Il y a des années – nul ne sait plus très bien quand –, un notaire recevait une grande famille pour l'ouverture du testament. Dans l'assistance recueillie et attentive, une femme savait que le défunt l'avait lésée. À peine le document était-il sorti de son linceul de papier qu'elle se jetait dessus, l'arrachait des mains du notaire ébahi et... le mangeait ! En dépit des efforts des nombreuses personnes présentes directement intéressées par l'énoncé du testament, la femme parvint à ingérer le plus gros des deux pages écrites. L'histoire ne dit pas si la famille dut inclure la papivore dans le partage des biens ou si elle réussit à l'en exclure. Les notaires, eux, ont retenu la leçon. Et savent que l'exécution des dernières volontés testamentaires, qui représente 26 % du chiffre d'affaires des études, ne se déroule pas toujours bien. L'un d'eux, à la tête d'une grande étude parisienne, l'illustre : « Ce jour-là, impossible de mettre la main sur le testament, nous fouillons de fond en comble le bel appartement haussmannien, en vain ; la tension monte au sein de la famille, qui a tenu à faire le déplacement... et enfin, nous le dénichons dans un beau meuble Boulle à secret, mais pour nous apercevoir qu'il ne mentionne qu'un seul nom... Immédiatement, les quatre neveux se jettent sur le cinquième, l'élu, et le battent comme plâtre ! »

Les bagarres physiques restent toutefois l'exception, mais les batailles financières sont souvent homériques. On règle ses comptes entre héritiers, et gare à l'homme de l'art qui viendrait à se mêler d'un peu trop près de ces querelles de sang aux racines si profondes. Gare à lui s'il prend parti ! De nombreux héritiers éprouvent le sentiment que le notaire en charge de la succession favorise une branche ou un héritier. Ce sentiment est bien sûr sans fondement dans l'immense majorité des cas. Et pourtant...

À la veille de Noël 2009, l'arrêt de la Cour de cassation tombe à pic pour Christiane, qui en pleure d'émotion et de joie. Les mots se bousculent, elle appelle tous ceux qui ont été à ses côtés pendant ses longues années de combat. Avec cette victoire judiciaire, qui couronne près de dix ans de procédure, elle pense pouvoir tourner une page : elle est enfin parvenue à faire reconnaître ses droits sur un héritage « en escalier », auquel elle peut prétendre depuis le décès de sa sœur. Non sans peine, elle s'apprête donc à toucher plusieurs centaines de milliers d'euros. À peu près deux décennies plus tôt, par testament olographe – c'est-à-dire écrit –, Germain, décédé en 1990, a désigné Marie-Louise, sœur de Christiane, comme sa légataire universelle. Dix ans plus tard, cette dernière succombait également, en ayant pris semblable disposition. En toute logique, Christiane devait hériter de l'un et de l'autre. Mais le notaire chargé d'accomplir les dernières volontés de Germain n'a pas exécuté le testament : il l'a d'ailleurs reconnu par écrit le 14 octobre 2000. Il a estimé de son propre chef que ce « document n'aurait pas été écrit de la main de Germain ». Dans l'arrêt du 7 février 2008 de la cour d'appel de Limoges, les juges constataient : « En refusant ainsi, de sa propre initiative, d'exécuter ce testament dont la validité n'avait pas été sujette à contestation de la part de la succession du défunt, Me L. a commis une faute. » Une faute en n'exécutant pas le testament, et une autre en perdant ensuite – oui, en perdant ! – ce document qu'il jugeait inapplicable... La justice a donc mis dix ans à reconnaître la double faute du notaire, sévèrement sanctionné toutefois par sa chambre départementale.

L'exécution des dernières volontés peut aussi être l'occasion de déconvenues moins lourdes. Thérèse, femme issue de la grande bourgeoisie, décède à Lyon en 2002 à l'âge de quatre-vingt-onze ans. Sa gouvernante la trouve au petit matin allongée pour l'éternité dans son lit. À l'heure de l'examen des comptes, ses descendants découvrent qu'elle versait tous les mois depuis près de trois ans 4 000 euros à un homme – un quinquagénaire –, son avocat. Sans aucune raison apparente. Afin de ne pas entacher sa mémoire, et acceptant d'oublier ce qui ressemble à s'y méprendre à un « abus de personne vulnérable », les héritiers ont tourné la page. Mais changé d'avocat.

Parfois, l'expérience est douloureuse pour le professionnel du droit lui-même. Thierry Thomas, notaire breton, s'apprête à sauter dans le train pour une réunion professionnelle à Paris lorsqu'une de ses clientes l'appelle. Elle souhaite le voir le soir même. Elle veut absolument rédiger ses dernières volontés. « Êtes-vous malade ? l'interroge le notaire, inquiet. – Non », le rassure cette femme encore jeune, sans autre explication. Mais elle insiste tant et tant que Me Thomas finit par renoncer à son déplacement. Tous deux passent la soirée à régler ses affaires. La cliente l'entraîne dans la salle de bains et entreprend de démonter le conduit du lavabo. « Tous mes bijoux sont là, lui dévoile-t-elle. N'oubliez pas de les enlever avant de vendre l'appartement... » Interloqué, le notaire acquiesce. Dans la pièce d'à côté, un de ses confrères recueille, lui, les instructions de l'époux – lui aussi en bonne santé apparente. En partant, n'y tenant plus, et malgré le secret professionnel qui les lie, les deux officiers ministériels osent échanger leurs funestes inquiétudes. Et si le couple se suicidait ? Immédiatement, ils avertissent la gendarmerie et les pompiers. Dans la nuit, les sirènes retentissent. Trop tard. Les deux époux ont sauté par la fenêtre.

Christine Letulle, notaire dans la capitale, rapporte une expérience tout aussi étonnante : « La solitude dans laquelle les défunts ont vécu les dernières années de leur vie peut être immense. Je me souviens de cette dame qui habitait un vaste appartement chic du 7e arrondissement. Lorsque nous nous y sommes rendus, avec le commissaire-priseur, nous avons trouvé l'ensemble des pièces fermées à clé, à l'exception de celle où elle avait vécu ses derniers moments... En ouvrant une à une toutes les portes, nous avons découvert avec horreur que les quatre salles verrouillées étaient bourrées d'ordures jusqu'au plafond... »

Plonger dans le passé des défunts à l'occasion du solde d'une succession n'oblige pas toujours, c'est heureux, à revenir avec une pêche aussi sinistre. En 1999, au fin fond de la Bretagne, un vieil agriculteur rend son dernier soupir. L'homme, qui a toujours vécu dans une grande austérité, sans jamais quitter sa vieille bâtisse, dont le sol est resté en terre battue, cachait fort bien son jeu ! À la réception de ses comptes bancaires, quelle n'est pas la surprise du notaire qui, s'apprêtant à exécuter l'acte de notoriété[1] à destination des neveux et nièces du défunt, voit sur le solde du défunt un avoir de plus de 3 millions de francs (500 000 euros).

Il n'est pas rare que les héritiers qui s'estiment lésés tentent d'expliquer que le testateur n'était pas totalement en possession de ses moyens lorsqu'il rédigeait ses dernières volontés. Par exemple, au moment où il lègue au fils du concierge sa Rolls-Royce Phantom ! Des héritiers, dépités, décident alors de se servir tout seuls. Ce notaire de Toulouse se souvient de cette évaluation d'héritage rocambolesque, en novembre 2007. Selon les dispositions testamentaires d'un couple décédé et brouillé avec son fils unique, la quotité disponible doit être versée à un couple de leurs amis. Pour estimer le montant de cet héritage avec précision, le notaire se rend avec un commissaire-priseur dans la maison que le couple habitait. Mais là, sur le meuble supportant la télévision dans le salon, l'écran a disparu, alors que la poussière dessine parfaitement son ancien emplacement. Sur les murs, il est possible de voir distinctement la trace des tableaux qui se sont évaporés. Et, dans la chambre, les pieds de fauteuils volatilisés ont laissé leurs marques sur l'épaisse moquette. Les

1. Le document par lequel un officier public (c'est-à-dire un notaire) recueille des témoignages en vue d'établir une circonstance ou un fait matériel. L'acte de notoriété est ainsi utilisé en matière de filiation et de succession.

« chers amis » n'ont pas eu la patience d'attendre. À moins qu'ils n'aient craint que le fils unique, ou l'État, ne les empêche d'accéder à cet héritage...

Rédiger un testament, ce qui doit permettre d'éviter ces péripéties *post mortem*, n'est pas un exercice anodin. On en recense deux types : l'olographe et l'authentique.

Le premier est écrit par le testateur. Il comporte, au minimum, la date et la signature. Malheureusement, ce type de testament, s'il n'est pas déposé chez le notaire, peut disparaître. Un neveu indélicat, un voisin malintentionné participant au rangement de la chambre à coucher et trouvant le précieux document dans la table de chevet peut le subtiliser, et le tour est joué. Auquel cas les dernières volontés du défunt resteront lettre morte. En cas de dépôt au sein d'une étude – pour un coût fixé aujourd'hui à 10,70 euros –, l'acte sera enregistré au Fichier central des dernières volontés (FCDV). Il ne pourra donc pas disparaître sans laisser de traces. Cela dit, et cette réserve n'est pas mince, la rédaction de ce testament n'est pas à l'abri de toute contestation. Certes, en déposant son testament, son rédacteur peut en demander une relecture au notaire. Même si elle est utile, cette précaution n'écarte pas tout risque. Si l'un des héritiers – ou quelqu'un se considérant comme tel – veut mettre des bâtons dans les roues des bénéficiaires des largesses du défunt, il aura encore tout loisir de s'en donner à cœur joie. Il pourra, par exemple, exiger une analyse graphologique pour s'assurer du rédacteur du document, ou bien dénoncer certaines clauses contradictoires ou inapplicables. Car cela existe...

S'il est effectivement possible de faire des donations avec charge, c'est-à-dire par exemple : « Je te donne ma voiture à condition que tu décroches ton bac », les testaments avec charge sont parfois d'application plus délicate. En effet, comment « négocier » la charge avec quelqu'un de décédé ? C'est toute la problématique de l'affaire suivante. Le 5 août 2001, Suzanne rédige un testament olographe qu'elle dépose chez Me B. Elle désigne comme principales bénéficiaires de ses biens, à parts égales, deux de ses amies et voisines, Gilberte et Éliane. Dans ce document, elle précise que si les deux femmes « veulent vendre la maison [elle] leur demande de bien vouloir la vendre à une personne désirant garder l'immeuble entier et l'habiter, et non pas à un promoteur ». Dans le courant de l'année 2006, fort du mandat de vente que lui ont confié les deux héritières après le décès de Suzanne, Me B. prépare un compromis. Il y est précisé combien en escomptent les vendeuses, mais il ne comporte aucune restriction particulière quant à la qualité de l'acquéreur. Les deux femmes signent. Cinq offres d'achat parviennent au notaire, dont l'une au prix demandé. Elle émane d'une SARL gérée par... un promoteur immobilier. Du coup, l'une des deux héritières, Éliane, se rétracte et refuse de signer la vente – désireuse de respecter le souhait de son amie décédée. S'ensuit un imbroglio judiciaire finalement tranché par le tribunal de grande instance de Bourges le 19 novembre 2009. *Stricto sensu*, la volonté de la défunte aussi succinctement définie ne s'imposait en aucune manière au notaire. Les deux héritières ont d'ailleurs accepté de signer un mandat de vente sans restriction particulière. Même si elles ont bien « préalablement à la signature de ce mandat évoqué le souhait exprimé par la testatrice que le bien ne serait pas cédé à un marchand de biens », précise le jugement. Les regrets d'Éliane n'y changent rien : sans condition suspensive, pas de faute professionnelle du notaire, quelque informé qu'il ait été de cette « charge testamentaire ».

Les tribunaux ne s'embarrassent pas de questions sentimentales ni morales. Les neveux et nièces de Marcelle en savent quelque chose. Cette veuve décédée le 28 février 2001 laisse du bien : de nombreux meubles de valeur, une maison à Châtellerault et d'importantes liquidités. Stupéfaction et colère de ses neveux et nièces à la découverte du testament de leur tante : elle lègue l'essentiel de ses biens à... son ancien notaire, Me M. Mais les tribunaux n'ont pas donné à leur plainte les suites qu'ils attendaient. La justice a estimé que Me M. n'était plus le notaire de Marcelle, ne suivant plus ses affaires depuis plus de dix ans. Et, aussi, que les relations entre la tante et ses neveux et nièces n'étaient pas bonnes... ce qui pouvait expliquer que la préférence de la vieille dame soit allée vers le notaire. Le procureur du tribunal de grande instance de Poitiers précise le 26 janvier 2002, dans un courrier, qu'« aucun élément [n'établissait] au demeurant que le notaire ait pu contribuer, de quelque manière que ce soit, à cet éloignement ». Les magistrats ont donc écarté l'idée d'un abus de position dominante du notaire. Dont acte.

Les notaires n'ont toutefois pas le droit d'être les légataires universels de testaments déposés en leur étude. Pour qu'un testament les désignant comme bénéficiaires des largesses du cher disparu soit valable, il faut qu'il ait été déposé au sein d'un autre office. Cette interdiction est levée dès lors qu'il s'agit d'un testament authentique. Dans ce cas, la justice estime que la présence de deux témoins lève tous les doutes sur un éventuel abus du notaire à l'égard du testateur.

Dicté au notaire, ce second type de testament, dit « authentique », coûte 172,22 euros en 2010. Il est réalisé devant deux témoins et conservé au sein de l'étude. Il ne peut donc pas disparaître. Il s'impose en cas de litige. Sauf lorsque des pratiques contestables le rendent attaquable. Entre autres, le testateur est supposé venir avec deux témoins qui contresigneront cet acte. Mais s'il vient seul, c'est alors le notaire qui va fournir les témoins. Le plus souvent, ce sont des clercs présents ce jour-là à l'étude qui jouent ce rôle. Mais il peut aussi arriver – anecdote véridique – que le notaire fasse appel à deux anciens clercs de son étude partis à la retraite. De façon systématique, ces deux hommes assistent aux rédactions des testaments authentiques dans leur petite ville. Ils connaissent donc avec précision qui possède quoi, et à qui cette fortune ou ces biens sont destinés au moment de l'issue fatale. On imagine le pouvoir que cette connaissance de l'intimité des autres leur confère.

Marion, elle, n'a pas de testament sur lequel s'appuyer. Rien. Pas un papier officiel qui atteste les volontés de son père. Lorsqu'il décède, la situation est dramatique : la fille et la mère risquent de perdre le toit familial, une maison dans la banlieue lyonnaise. Car le père de Marion n'est pas son « vrai » père. Le secret de l'arrivée de la petite fille dans ce foyer où elle a été tant aimée est violemment levé. Biologiquement, André n'est que son oncle. Marion est la fille que cet homme d'origine marocaine n'a jamais pu avoir et que son frère, selon la tradition, lui a confiée : elle est une enfant de la *kefala*[1]. Or André a su faire des affaires, il a investi en France et au Maroc, et, là-bas, ses frères convoitent ses biens. Le sort de Marion et de sa mère, qu'ils ne connaissent qu'à peine, ne les touche que de loin... Près de vingt ans plus tard, Marion n'a pas oublié sa visite désespérée chez l'homme qui avait conseillé son père tout au long de sa carrière professionnelle, et en est encore très émue. Le notaire en effet fait un geste exceptionnel, qui va les sauver, sa mère et elle, de la déroute financière, mais un geste totalement illégal. « Retournez chez vous, lui dit-il, fouillez bien dans le

1. Disposition du droit islamique qui permet pareil placement, alors même que l'adoption plénière y est interdite.

garage, vous savez, là où votre père aimait entreposer ses affaires... Je suis bien certain que vous aller trouver un testament manuscrit léguant ses biens à sa fille. À ce moment-là, revenez me voir avec ce papier, lui souffle-t-il. Nous préviendrons alors vos oncles... » Marion, ne reculant devant rien, rédige selon les instructions reçues le document que l'homme de l'art feindra de découvrir. « Ma mère n'a jamais rien su de tout cela », confie-t-elle.

Qui dit testament dit hériter, certes, mais aussi déshériter. En France, les parents ne sont pas de nos jours autorisés à écarter complètement leurs enfants de leur succession. Les chers petits, même s'ils sont fâchés avec leurs parents jusqu'à la nuit des temps, bénéficient de la « réserve héréditaire ». Ils toucheront donc à la mort de leurs parents une part incompressible de l'héritage, par exemple pour un enfant unique la moitié des biens. S'ils sont trois ou plus, les descendants directs conserveront les trois quarts de la fortune parentale. En revanche, pour ce qui reste, la quotité disponible, la marge de manœuvre du testateur est entière. Il est toujours possible de léguer une part de ses biens à sa maîtresse, et le résultat, parfois terrible, est qu'un héritage amputé, et un pan entier de vie caché, ne sont souvent découverts par l'épouse légitime qu'au décès de son mari, chez le notaire.

De plus en plus fréquemment, les officiers ministériels se déplacent dans les hôpitaux et maisons de retraite pour recueillir les dernières volontés de personnes âgées, souvent accompagnées – et parfois influencées – dans leur déclaration par un membre de leur famille. Afin de mettre en garde les futurs notaires contre les manœuvres des héritiers, voici l'histoire qu'on leur raconte au cours de leur formation et que rapporte un jeune notaire diplômé. Là encore, qu'elle soit ou non complètement vraie n'a guère d'importance. Elle reste éclairante. « Selon un de nos professeurs, lui-même de la profession, un confrère est un jour appelé au chevet d'un homme mourant désireux de dicter ses dernières volontés. Le notaire en prend note. Peu de temps après, l'homme décède. Mais en ouvrant le testament, et en relisant le document à la famille, le notaire est subitement pris d'un doute. Il appelle la police, qui ouvre une enquête... et découvre que l'homme qui a dicté le testament au notaire n'est pas mort ! Contrairement au "vrai patriarche", décédé, lui, un mois plus tôt et conservé au congélateur le temps que la famille puisse se partager l'héritage. »

2

Chasseurs d'héritage

Discrètement, un homme s'est glissé à l'entrée du cimetière et observe le cortège. Derrière le cercueil, il a identifié les équipes des pompes funèbres, le médecin, l'infirmière, quelques voisins, et la silhouette voûtée d'Yvonne, l'amie fidèle de la défunte. Aucun visage inconnu ne s'est joint à la procession, aucun membre de la famille ne s'est manifesté. L'homme se retire sur la pointe des pieds, satisfait.

Au cabinet, on l'appelle M. André. Ses visites sont toujours discrètes, mais M. André fait désormais partie des murs, bien qu'il n'occupe pas de fonction officielle. C'est un « apporteur d'affaires spécialisé ». Ce métier n'existe dans aucune grille de ressources humaines, mais reste une tâche grassement rémunérée par certains cabinets de généalogistes successoraux. Sa mission : repérer les personnes âgées et malades auxquelles plus personne ne rend visite – de préférence les plus fortunées –, et dont il faudra, très prochainement, retrouver les héritiers. Traquer les familles les plus éloignées et les branches oubliées, c'est le savoir-faire particulier de ces généalogistes successoraux.

Leur métier pour l'essentiel consiste à retrouver des héritiers qui s'ignorent afin de leur annoncer la bonne nouvelle – une petite ou une grande fortune tombée du ciel, héritée d'un lointain oncle d'Amérique. La profession ne compte pas même quatre cents membres, la plupart du temps en guerre ouverte les uns contre les autres, tant les meut l'appât du gain. Moitié historiens, moitié détectives privés, ces généalogistes manient avec autant de dextérité les documents d'archives que les confidences de voisinage ou les secrets de famille pour pouvoir pister des descendants, parfois à travers le vaste monde. Leurs témoignages sont souvent romanesques.

« Dernièrement, j'ai écumé tous les bas-fonds de Clermont-Ferrand pour trouver un homme qui, selon un de ses cousins, était devenu clochard, raconte Michel Chamaret, généalogiste dans la région parisienne. J'ai fini par le pister dans un bâtiment du Secours catholique grâce aux registres qui faisaient état de sa nuit passée là. J'ai laissé ma carte à un responsable, qui m'a téléphoné quelques jours plus tard. Il avait des nouvelles de mon clochard – de mauvaises nouvelles. Le bonhomme avait reçu un coup de poignard, il était hospitalisé. Il est resté plusieurs jours dans le coma avant de mourir. Il n'a jamais su qu'il venait de passer à côté d'un héritage de près de 100 000 euros ! C'est son cousin qui a hérité à sa place... »

L'enquête ne doit le plus souvent son démarrage qu'à une information ténue : la rumeur d'un enfant né hors mariage que le notaire se doit de vérifier pour pouvoir boucler une succession, la quête d'un frère utérin apparu dans un carnet intime ou encore une sœur disparue après une brouille dont tout le monde a oublié l'origine. Voici par exemple le récit d'un généalogiste de Tours : « Dans un petit village de l'Indre, deux vieilles filles, des sœurs, vivaient ensemble depuis toujours dans la maison héritée de leurs parents. Personne ne les avait jamais vues l'une sans l'autre. Au décès de la cadette, des notes remontant à ses derniers jours qui semblaient évoquer l'existence d'un fils mirent la puce à l'oreille du notaire. J'interrogeai la sœur aînée : “Mais vous avez toujours vécu ensemble ? – Toujours, absolument”, fit-elle, formelle. En cherchant bien, elle se souvenait tout juste d'une cure qu'avait faite sa sœur à La Bourboule, il y avait cinquante ans de cela, “pour son foie”, disait-elle. La vérité, c'est que dans cette ville thermale elle avait accouché d'un petit garçon, placé immédiatement à l'Assistance publique. Quand je l'ai retrouvé, il menait en vieux garçon la même vie que sa mère dans le village voisin ! »

Homme long et fin à l'allure très british, Gilles Chariot est l'un de ces baroudeurs de la généalogie. Son terrain de recherche : la planète. Depuis vingt ans, ce juriste qui se rêvait commissaire-priseur s'est mué en une sorte de Sherlock Holmes tout-terrain.

Sous son air convenable il dissimule une âme d'aventurier, capable de passer plusieurs semaines dans les villages les plus reculés du globe pour retrouver la trace d'un cousin éloigné, d'une demi-sœur, de la mère d'un enfant secret révélé par un testament. « Je ne prends jamais que des billets d'avion open, sans date de retour », explique-t-il. Plusieurs fois, il a bien failli perdre la vie au Mozambique, à Kimberley, ou à Lima...

Ce jour-là, il revient du Vietnam. Il y a passé de longues semaines en quête de Joseph Bemant, qui doit hériter de son cousin germain, brusquement décédé. Sans la signature de cet homme, ou la preuve de son décès, l'ensemble de la succession est bloquée. Les autres héritiers sont à cran. Joseph était un peu le trublion de sa famille. Il a roulé sa bosse sans donner signe de vie. Les Bemant ont perdu sa trace. Son extrait d'acte civil se borne à peine à mentionner son mariage avec une jeune Cambodgienne. Gilles Chariot prend l'avion. Il se rend au village où l'union a été célébrée. Rien. Il frappe à toutes les portes, mais personne ne se souvient du couple. La famille Bemant étant catholique, il pense à rendre visite au prêtre local. De fil en aiguille, il échoue dans le tout petit appartement de l'ancienne secrétaire d'un vieil évêque, encore barricadée de peur de représailles politiques contre les religieux. « Joseph, Jo-seph... Jo Sef. » La vieille dame répète le nom jusqu'à ce qu'une lueur apparaisse enfin dans son regard. Elle indique un village, à l'autre bout du pays. Après des heures de bus, Gilles Chariot parvient au lieu dit. Il frappe aux portes, frappe encore et encore, interroge, arpente les rues, hume l'air. « Il faut avoir du flair, note-t-il au passage. Et puis, continue-t-il, au sous-sol d'une maison brûlée, je tombe sur cette famille, vivant sur des cartons. Des gens très dignes mais complètement démunis. L'eau s'infiltrait de partout dans cette tanière. La femme s'est retirée. Elle est revenue avec, dans la main, un papier plié en quatre, sentant la sueur et l'humidité. C'était l'acte de mariage qui l'avait unie à son mari, Joseph, emporté quelques années plus tôt par une maladie. Elle avait traversé tout le pays à pied, ce bout de papier en poche, pour fuir les Khmers rouges... » Seul problème, en cambodgien, Joseph Bemant était devenu M. Jo de son nom de famille et Sef de son prénom.

À l'étude, on se moque encore de Gilles Chariot et de l'acte « notarié » fort particulier qu'il a rapporté du Cambodge pour preuve de la mort de Joseph : une attestation validée par... l'évêque local. Il n'empêche, les enfants de M. Jo bâtissent aujourd'hui leur maison, en dur, dans leur village d'origine. Et le gestionnaire de leur nouvelle fortune n'est autre que l'évêque en personne.

Si les généalogistes successoraux se lancent dans ces aventures incertaines, c'est qu'ils y trouvent, eux aussi, leur intérêt : leur rémunération relève d'un très ancien texte sur la chasse aux trésors. Le généalogiste chercheur « partage » en quelque sorte le trésor qu'il retrouve avec son propriétaire. Les professionnels soumettent à l'héritier retrouvé un « contrat de révélation » et prélèvent au passage de 15 % à 50 % du magot.

Le généalogiste déroule le fil de son enquête à partir d'un contrat de mariage, d'un acte de naissance qu'il traque de mairie en mairie, voire d'un souvenir de voisinage. Les plus gros cabinets, comme Coutot-Roehrig, ont déjà numérisé des milliers de données d'état civil, de recensements de population, de registres de mairie, etc. Ils peuvent alors fréquemment se passer des autorisations des directeurs départementaux des archives et des procureurs de la République pour leurs recherches. Mais l'informatisation n'est pas tout. Même s'ils ont su exploiter les nouvelles technologies, nombreux sont les cabinets ayant également conservé les bonnes vieilles méthodes solidement éprouvées.

Tous les coups sont permis pour rabattre les plus gros dossiers vers son étude, autrement dit savoir avant les concurrents qui vient de passer de vie à trépas – et, au besoin, qui s'apprête à le faire –, afin de joindre le premier les héritiers. Soudoyer les concierges d'immeuble, allécher les employés des maisons de retraite, verser des commissions aux agents des pompes funèbres sont des pratiques courantes. Les instances professionnelles de ces pourvoyeurs d'informations peu regardants n'en font pas mystère, elles savent de quoi il retourne, à en croire du moins certains courriers échangés : « Notre confédération n'a ni pouvoir de contrôle ni pouvoir de police auprès de nos adhérents, s'il advient que certains acceptent une gratification pour services rendus, explique par exemple un représentant de la Confédération des professionnels du funéraire et de la marbrerie, en réponse aux inquiétudes d'un président de chambre de généalogistes désireux de moraliser sa profession. Vous avez attiré mon attention sur ces pratiques en région Paca (Provence-Alpes-Côte d'Azur). Vérification faite, poursuit le représentant des entreprises de pompes funèbres, il me semble que celles-ci n'ont plus cours. En revanche, il apparaît que certains de vos confrères utilisent encore cette pratique. » Malgré tout, la confédération estime aujourd'hui officiellement que ses entreprises ne doivent pas avoir de contacts avec les généalogistes successoraux au nom du secret professionnel. Les renseignements dont disposent les pompes funèbres sur les familles sont confidentiels. Avis aux contrevenants !

« Les collègues [...] ont été sidérés de découvrir que des gérants de tutelles agréés pouvaient percevoir une commission », écrivait par ailleurs la présidente de l'Association des juges d'instance, magistrats qui interviennent dans les dossiers de tutelle et de curatelle. « Mais aucun texte de loi n'interdit ces partenariats ! » lui a rétorqué un généalogiste des Pyrénées. Quoi qu'il en soit, depuis les origines de la généalogie successorale, les plus gros « partenaires » des cabinets qui exercent cette activité sont les notaires. Pour eux, les commissions, confortables, ont même pu grimper jusqu'à 30 % du butin final. Pendant des années, le versement de courtages a été admis de tous. Ce n'est que très récemment que le Conseil supérieur du notariat (CSN) a entrepris de lever le voile sur ces pratiques à la limite de la légalité – et en tout cas contraires à l'éthique de la profession.

En 2004, il met en route la rédaction d'un premier code de bonne conduite tentant de régler les relations entre les deux professions. Le texte stipule que le généalogiste « s'engage, notamment, à ne pas rétrocéder une partie de ses honoraires sous quelque forme que ce soit, directement ou indirectement, au notaire ou à ses collaborateurs ». À la suite de cet effort, les bonnes pratiques se sont inégalement répandues sur le territoire. « Il arrive encore qu'un notaire me demande combien – entendez : combien je vais lui reverser –, lorsqu'il prend contact pour me confier un dossier », témoigne un généalogiste successoral, qui après avoir quitté un gros cabinet parisien a monté sa propre affaire en Bretagne.

En 2007, les représentants des deux professions ont repris leur bâton de pèlerin pour moraliser leurs relations. Il a fallu une année de réunions houleuses pour rédiger la deuxième mouture, achevée en juin 2008. Celle-ci épingle une autre pratique peu avouable, celle des – gros – cadeaux : voyages aux quatre coins du monde, week-ends dans les capitales européennes, grands crus offerts aux notaires ont eu, en effet, tendance à augmenter dès lors que les rétrocessions de commissions avaient mauvaise presse auprès des responsables de la profession. « Depuis que les commissions officielles sont interdites, notre budget communication a augmenté », concède pudiquement Gérard

Dusséaux, directeur général de Coutot-Roehrig[1]. Il évalue à pas moins de 15 % de leur chiffre d'affaires les rétrocessions d'honoraires que versent les généalogistes aux notaires apporteurs, des montants qui entre-temps se sont transformés pour partie, toujours à destination des mêmes, en autres largesses « comme des chasses au Canada ou la participation à des tournois de golf », précise Bruno Duval, directeur général de l'étude Maillard, autre gros cabinet du secteur[2]. Au cours des dernières années, tandis que la plupart des branches ont assaini leur fonctionnement, fixant des règles éthiques strictes, les budgets relations extérieures des généalogistes consacrés au notariat ont au contraire dérapé.

Les grosses études de généalogistes avaient, par exemple, pris l'habitude de « parrainer » de luxueux voyages pour fidéliser les notaires, tout en les encourageant à leur confier les meilleurs dossiers. Du coup, l'on voit, dans un courrier adressé au représentant de sa chambre professionnelle, Benoît Pérotin, généalogiste à Bordeaux, s'émouvoir en ces termes des pratiques de ses concurrents : « Cher confrère, pourriez-vous aborder [*i.e.* lors de la prochaine réunion de la commission] la question des voyages parrainés par l'étude Coutot-Roehrig ? » Il vise des voyages « parrainés soit intégralement, lorsque seuls quelques membres d'une "compagnie" de notaires y sont invités

1. Entretiens avec les auteurs des 22 avril et 4 mai 2008.
2. Entretiens avec les auteurs des 22 avril et 4 mai 2008.

(chasse au loup en Sibérie, voyage au Vietnam, trekking à La Réunion), soit partiellement quand le voyage est proposé à toute la compagnie (séjour à New York pour la chambre des Charentes, cinquante participants), trois jours au Pays basque en thalasso pour la chambre de la Dordogne et, en octobre prochain, pour les notaires du même département, un voyage en Jordanie) ». Au début de 2007, des notaires du Midi ont reçu cette agréable missive d'un généalogiste installé lui aussi dans le Sud : « Pour ne pas penser uniquement au travail, voici quelques propositions d'évasion pour l'année qui s'ouvre. » Suivait une longue liste de propositions auxquelles les notaires étaient invités à s'inscrire : « Rugby : week-end à Dublin (tournoi des Six Nations) ; week-end à Londres, places offertes au stade assurées, me contacter très vite au 06... ; Coupe du monde 2008, me contacter, voyage prévu à Édimbourg ; randonnées : les calanques de Cassis les 28-29-30 avril et 1er mai (participation pour l'hébergement) ; Collioure, projet de week-end gastronomique ; l'Atlas marocain, me contacter... »

La nouvelle convention signée entre les généalogistes et le notariat n'a pas supprimé la manne financière des gros cabinets de généalogie. Plusieurs centaines de notaires de Bretagne et leurs épouses ont tout récemment bénéficié de la générosité de Coutot-Roehrig. Le généalogiste a obtenu, en novembre 2009, la réouverture du luxueux hôtel L'Hermitage de La Baule pour y inviter, au cours d'une soirée fastueuse, l'ensemble des huit cents notaires, en exercice et retraités, de Bretagne. Le lendemain, le conseil régional des notaires de Bretagne organisait un vaste rassemblement professionnel, qui à n'en pas douter aurait connu un succès plus modeste sans ce généreux coup de pouce.

Il est vrai que la convention rappelle que « sont interdits les commissionnements, directs ou indirects, et les rétrocessions d'honoraires qu'un généalogiste pourrait verser au notaire ou à ses collaborateurs ou que ces derniers pourraient réclamer au généalogiste [...]. À ce titre sont également interdits les avantages en nature comme les voyages ou activités de loisir et autres cadeaux inhabituels ou somptuaires dont seraient gratifiés individuellement ou collectivement un notaire, ses collaborateurs ou leur famille ». Toutefois, le texte prend soin de ne fermer la porte à aucune forme de subventions. Rien n'empêche par exemple « le parrainage et le soutien publicitaire accordés par des généalogistes à des actions de formation organisées par des structures notariales, ainsi qu'à des congrès ou colloques d'intérêt collectif ».

Pour s'attirer les bonnes grâces du notariat, les généalogistes utilisent également des méthodes moins ostentatoires : figurer au tout premier rang des annonceurs de l'annuaire de la profession se paie, et parfois cher – les grosses études parisiennes ou régionales n'hésitent pas à s'offrir de pleines pages et plusieurs encarts dans ledit annuaire. Louer de vastes espaces au salon des exposants du congrès des notaires est une autre pratique : l'une des plus petites chambres professionnelles de généalogistes confesse un budget de quelque 35 000 euros pour le salon de 2008 – une façon de participer au fonctionnement du notariat. Le congrès des notaires est traditionnellement une occasion de choyer ses amis, par exemple en organisant de luxueuses soirées de gala. En mai 2008, à Nice, l'étude Maillard a convié trois cents notaires, avec leurs épouses, au Marineland d'Antibes, spécialement loué pour l'occasion ; en prime, on avait spectacles marins, dîner gastronomique et noria de bus pour raccompagner ces messieurs et leurs épouses à leurs hôtels. Aucun détail n'avait été oublié. Le même soir, Coutot-Roehrig disputait à Maillard la palme de la réception la plus fastueuse et régalait de son côté au total près de six cent cinquante invités, des notaires pour l'essentiel.

Mais la profession des généalogistes est minée par ses divisions. Las de voir les gros cabinets leur damer le pion grâce à leur force de frappe financière, les petits, emmenés par un président de chambre scrupuleux, Pierre Kerleveo, ont entrepris une opération de moralisation de la profession. Saisissant l'occasion de l'examen, à l'Assemblée nationale, d'un texte de loi sur les successions, une partie des généalogistes a donc milité pour que le mandat d'un notaire soit obligatoire avant toute recherche d'héritiers. L'idée était de mettre fin à la course effrénée que se livrent les cabinets, prêts à brandir un arbre généalogique sans même attendre le décès, ou à se précipiter chez un gros héritier pour lui faire signer toutes affaires cessantes le fameux « contrat de révélation ». « En province, il m'est même arrivé de me faire voler mes chaussures devant la porte de ma chambre d'hôtel par mon concurrent, qui espérait gagner de la sorte un peu de temps sur moi ! » raconte un vieux routier de la course à l'héritage. La succession de Dora Maar, amante de Picasso, a vu surgir deux généalogistes qui se sont livré une bataille homérique.

Sébastien Huyghe, député du Nord et rapporteur du texte de loi, soutenu par le directeur des Affaires civiles et du Sceau à la Chancellerie, a été convaincu. Un amendement précisant que le généalogiste doit être mandaté « par une personne ayant un intérêt direct et légitime » a été voté. On pensait alors essentiellement au notaire. Fin de la première manche. La deuxième s'est jouée peu de temps après, lors de l'examen d'un autre texte de loi, celui sur les tutelles et curatelles concernant les personnes âgées ou malades. Cette fois, les opposants à la « moralisation » avaient fourbi leurs armes, et lancé une opération de séduction auprès des parlementaires pour faire valoir leurs arguments, avec une relative efficacité, puisqu'ils ont obtenu, par voie d'amendement, qu'à l'avenir les gérants de tutelles (qui gèrent les biens des personnes âgées dépendantes, notamment) puissent confier un dossier à un généalogiste, avec l'accord du juge. De plus, du fait qu'il n'y a pas davantage besoin de mandat de notaire pour les nombreuses successions vacantes et en déshérence, il reste un peu de place aux aventuriers.

Dans le procès-verbal de l'assemblée générale du syndicat des généalogistes, sur lequel règne l'étude

Coutot-Roehrig, on peut découvrir à combien s'élève la facture de cet intense lobbying législatif : 61 800 euros ! Un total qui n'empêche pas les membres du syndicat de se réjouir. Personne lors de l'assemblée générale ne conteste le niveau de ces honoraires, alors que le montant n'en a même pas été négocié. Dans le procès-verbal de l'assemblée générale, on peut en lire la justification suivante : « Nous avons obtenu le résultat rêvé, donc la profession peut accepter de payer ces honoraires. Cela est à mettre en corrélation avec le chiffre d'affaires de chacun de nos cabinets. »

Chez Andriveau, un autre grand du marché de la généalogie, c'est à peine si l'on cache que les anciennes pratiques n'ont pas vraiment été touchées par ces nouvelles législations. « J'estime que les pompes funèbres ont un “intérêt à agir” comme le demande la loi, puisqu'elles ont une créance en suspens. Nous échangeons donc avec elles une information contre une rémunération, confie un dirigeant de l'étude. *Idem* pour un voisin du défunt. Un tuteur, lui, n'a légalement pas d'intérêt à agir. Mais rien n'empêche de lui graisser la patte et de trouver, ensuite, le notaire qui nous fera un mandat... » Voilà qui a le mérite de la clarté.

3

Dans les coulisses des études

Paris, printemps de l'an 2000. Une sexagénaire vient de perdre son fils, qu'un accident de voiture avait lourdement handicapé : son cœur s'est arrêté dans la maison de repos où il séjournait. Célibataire, sans autre enfant connu, la mère éplorée se rend chez le notaire pour les formalités de la succession. En la circonstance, la procédure est simple : vérification de l'identité du défunt et de son lien de parenté avec l'unique héritière. À l'issue de ce rapide rendez-vous, les 150 000 euros encore présents sur le compte de ce fils unique – correspondant pour l'essentiel à l'indemnisation versée par les assurances – pourront être débloqués et intégralement transmis à sa mère. Entre le notaire et sa cliente, l'entretien se déroule sans accroc. Le juriste tourne le document sur son bureau pour que la mère puisse signer, elle s'approche et lâche : « La vie est vraiment injuste. Je crois que j'aurais encore préféré perdre mon autre fils. » Le notaire tressaille, lui demande de répéter. Elle refuse et attrape le document pour le parapher. Le notaire l'en empêche et le récupère. En effet, s'il y a un autre fils, c'est-à-dire si le défunt a un frère, alors l'héritage doit être réparti entre la mère et ce fils jusque-là inconnu. La fin de l'entretien est orageuse. La mère est furieuse, affirme sur tous les tons que ce n'est pas ce qu'elle voulait dire et que le notaire est en train d'outrepasser ses fonctions. Elle menace de porter plainte – ce qu'elle fera – et de changer de notaire – ce qu'elle fera également. De son côté, l'officier ministériel campe sur ses positions. Il ne peut engager cette procédure d'héritage sans prendre toutes les précautions, sans s'assurer qu'il n'existe pas d'autre héritier. Mais comment faire ? Sur tous les papiers officiels de sa cliente ne figure qu'un seul fils : le malheureux défunt.

Dans ce type de dossier particulièrement délicat, les notaires ont parfois recours à des agences de détective privé. C'est ce que fait le nôtre, et son correspondant met moins de trois mois à aboutir : le mystère est éventé, on a découvert l'adresse et le numéro de portable du frère, et même les coordonnées des amis qui l'hébergent depuis quelques semaines. Entouré de ses collaborateurs, que la situation intrigue, le notaire appelle. « Vous devez faire erreur, je n'ai pas de frère ! » lui rétorque l'intéressé. C'est que, abandonné par sa mère à l'âge de cinq ans, placé à la Dass (direction des Affaires sanitaires et sociales), il ignorait tout de la nouvelle vie de sa génitrice et jusqu'à l'existence de ce frère qu'il n'aura plus l'occasion de connaître. Après avoir d'abord refusé de toucher un sou de cet héritage, qui provient indirectement d'une femme dont il ne veut rien accepter, il finit par venir signer les formalités. À l'étude, on garde encore un souvenir ému de la visite de ce jeune homme, fils délaissé, finalement retrouvé et héritier d'une jolie somme.

Il n'y a encore pas si longtemps, les détectives intervenaient surtout auprès des clients des notaires lorsque dans le cadre d'un divorce l'un des conjoints voulait prouver à la justice que l'autre menait une double vie. Le détective, au terme de son travail de repérage et de filature, prévenait l'huissier, qui venait faire le constat d'adultère. La législation ayant évolué, cette pratique est un peu tombée en désuétude. Les détectives sont toutefois de plus en plus sollicités par les couples qui s'affrontent sur le partage des biens. Les « privés » réalisent alors des enquêtes de « surface financière », selon leur jargon. Ils se procurent la dernière déclaration fiscale de l'époux qui rechigne à dévoiler la totalité de ses revenus pour le calcul de la pension alimentaire, révèlent des comptes qu'un des deux conjoints aurait bien voulu garder secrets... Pierre, éditeur brillant mais fâché avec les chiffres, n'en crut pas ses yeux quand il vit apparaître dans le dossier apporté par sa femme lors d'une réunion chez le notaire son dernier relevé de compte ! Ce notaire de la Côte d'Azur n'est, lui, pas près d'oublier la visite, en 1998, d'un fiancé : « L'élégant jeune homme voulait tout savoir des contrats de mariage, et notamment s'il lui était possible de cacher à sa future épouse le solde d'un compte en banque lourd de 6 millions de francs (près de 1 million d'euros) ! »

D'autres professionnels, de réputation moins sulfureuse que les détectives privés mais également méconnus, gravitent autour du notariat. Dans l'orbite des études, on trouve un métier atypique, le « débarrasseur ». C'est une corporation que le notaire charge de vider un endroit, une maison, cave ou autre, en vue de sa réaffectation ou de sa vente. Le débarrasseur succède sur les lieux au notaire et au commissaire-priseur. Les héritiers n'ont donc en principe rien à redouter. Quand le camion arrive, c'est que rien de valeur ne subsiste. Tous les meubles et encombrants laissés sur place partent pour la déchetterie, le vide-grenier ou le marché aux puces. En théorie. Car il arrive que le débarrasseur fasse de bien étranges découvertes.

Exemple, en avril 2007, dans l'Yonne. Tout à son travail, un débarrasseur découvre que les cales sous les meubles ne sont autres que des lingots d'or ! Aussitôt, il appelle le notaire, puis, comme convenu, passe par l'étude déposer ces cales d'un genre inattendu, qui reviennent de droit aux héritiers. Elles sont au nombre de trois : étonnement de l'officier ministériel qui s'attendait à plus de cales, et dans un nombre pair... Peut-être les meubles étaient-ils bancals, cela mérite vérification. De l'inventaire minutieux des traces que les meubles ont laissées sur les murs ou sur la moquette, le notaire déduit qu'il devait en réalité exister vingt lingots, pas moins ! Vingt lingots merveilleusement cachés à la vue de tous. Si l'on estime le lingot à 20 000 euros, une valeur approximative de 340 000 euros aurait été

« débarrassée ». Là-dessus, déménagement à la cloche de bois de l'entrepreneur, qui aurait eu du mal, pensait-il sans doute, à justifier son nouveau train de vie sur la base de 500 euros par débarras tout compris...

Les notaires travaillent également très régulièrement avec des agents immobiliers, qui ont pignon sur rue. Cela ne met pas à l'abri de toute déconvenue. Ainsi, en juillet 2004 un couple achète un appartement sur Paris *via* une agence patentée. En toute légalité, ce couple signe une promesse de vente avec le vendeur dans les locaux de l'agence et dépose un chèque de garantie de 40 000 euros (qui représentent les 10 % du prix de l'appartement augmentés des 10 000 euros de commission de l'agence). Moins de trois mois plus tard, les acquéreurs ayant obtenu leur prêt bancaire plus rapidement que prévu et désireux de louer l'appartement qu'ils occupent et vont laisser sont prêts à signer l'acte d'achat. Le vendeur, criblé de dettes, est lui aussi pressé de signer. La notaire organise donc la signature de l'acte au plus vite avec les différentes parties. Rendez-vous est fixé au 11 septembre. Une date que personne n'est près d'oublier. Afin de s'assurer de sa présence ce jour-là avec les 40 000 euros reçus en dépôt, condition *sine qua non* de la vente, l'officier ministériel tente de joindre la responsable de l'agence, sans succès, plusieurs jours de suite. Le matin du 11, la directrice se manifeste : elle ne pourra payer ces 40 000 euros que quinze jours à trois semaines plus tard, annonce-t-elle à la stupeur du notaire. Néanmoins, le rendez-vous est maintenu.

À l'heure dite, tout le monde se retrouve à l'étude. La personne de l'agence immobilière est accompagnée d'un garde du corps. Pendant les trois heures de l'entrevue, on a droit à une crise de larmes de la dame, qui finit par confesser que l'argent lui a filé entre les doigts, transformé en robes notamment. L'aveu n'est pas reçu dans la sérénité par la partie adverse qui, sans le gorille, s'apprêtait à gifler la dépensière directrice. Au milieu de ce désordre, l'officier ministériel parvient pourtant à rédiger un protocole d'accord. Il y est stipulé que la vente est reportée au 30 septembre et que l'agence immobilière renonce à sa commission. Après quelques hésitations, la désinvolte dame, amenée de force à résipiscence par la notaire après ce détournement de fonds qualifié, signe. Derrière elle, tout le monde paraphe également le document. Affaire classée ? Disons plutôt fin du premier acte de cette pièce tragicomique.

Le 30 septembre, nouveau rendez-vous de signature. Le vendeur s'est rendu à l'étude avec son propre notaire et la directrice sans son garde du corps, sommée par un huissier. Prudente, la notaire a aussi demandé aux acquéreurs de trouver 40 000 euros pour que la vente puisse se faire. Bien lui en a pris, car à la question : « Avez-vous, comme stipulé dans le protocole d'accord que vous avez signé le 11 septembre, les 40 000 euros en chèque de banque ? » la directrice répond cette fois : « Oui et non. » Elle ne peut poser sur la table que 15 000 euros, s'engageant à régler le reste « plus tard ». La vente s'est faite sans elle. La notaire a dressé un procès-verbal de situation et l'affaire a été confiée à la justice. Fin du troisième acte. Épilogue : la directrice exerce toujours...

Les études sont également en relation avec des courtiers en prêts, profession qui s'est développée au cours des dernières années. Il s'agit de spécialistes des prêts immobiliers, qui travaillent – contre commission – à la recherche des taux d'intérêts les plus bas. Si leurs interlocuteurs privilégiés restent les agences immobilières, ils ne dédaignent pas non plus les notaires. Et, pour convaincre les officiers ministériels de penser à eux plutôt qu'à leurs concurrents, ils n'hésitent pas à faire des propositions alléchantes. Comme celle faite à ce notaire parisien, auquel un courtier en prêts a proposé de suivre une formation d'une semaine sur le crédit et ses évolutions. Petite précision : la formation, tous frais payés, se déroulait au soleil, à Saint-Barth exactement. Le temps des cours proprement dit n'excédait pas cinq heures... sur la semaine.

Même les clercs de notaires sont courtisés par les sous-traitants des études. Ce sont généralement ceux qui travaillent de façon régulière avec les « sociétés de formalités administratives », autre profession attachée au notariat. Ces sociétés s'occupent, contre rémunération, de réunir toutes les pièces nécessaires à la préparation d'un acte. Ainsi, ce sont eux qui rassemblent les différents éléments du dossier d'urbanisme et réalisent – ou sous-traitent à leur tour – les états de risque, dont s'occupent les sociétés de diagnostic. Grâce à ces petites mains, les études se déchargent d'un travail long, fastidieux et, à les en croire, gagnent en rapidité pour la rédaction des actes. Ce travail, qui coûte de 200 à 300 euros, est toutefois payé par le client dans les débours, lors du règlement de sa facture.

Pour s'assurer des commandes régulières, les sociétés de formalités administratives font, comme beaucoup d'entreprises, des « gestes commerciaux » vis-à-vis de leurs clients. Mais celles-ci sont plus généreuses que la moyenne. Leurs attentions vont des classiques bouteilles de champagne aux chèques-cadeaux, quand il n'est tout simplement pas question de places de foot ou de rugby les années fastes ! Pour certains clercs, cette rallonge représenterait, avoue l'un d'entre eux, de 10 à 15 % de rémunération supplémentaire. Ces cadeaux sont parfois directement envoyés à l'adresse personnelle des clercs concernés.

Partenaires historiques des études notariales, encore que leur avenir soit compromis précisément à cause de leurs clients, les conservations des hypothèques et leurs patrons, les conservateurs, ne doivent pas être oubliés. Près de cinq mille fonctionnaires de la direction générale des Impôts sont principalement employés à tenir le registre officiel des propriétés immobilières. C'est auprès d'eux que les notaires retirent tous les documents concernant la propriété foncière et que les acheteurs s'acquittent de la taxe de 0,01 % de la valeur du bien immobilier qu'ils viennent d'acquérir. En 2006, les conservations des hypothèques ont ainsi collecté pour l'État et les collectivités locales plus de 13 milliards d'euros de recettes fiscales, sous forme de droits d'enregistrement et de mutation, d'impôts sur les plus-values et de TVA immobilières.

Mais voilà, la Cour des comptes estime que cette machine est d'un « anachronisme grandissant ». Dans deux rapports successifs, respectivement de février 2008 et de février 2009, les sages ont tiré à boulets rouges sur cette vénérable institution, née le 21 ventôse an VII (c'est-à-dire le 11 mars 1799). Depuis 2003, en effet, sous l'impulsion de leurs interlocuteurs, les notaires, les conservations voient se développer l'informatique. Le coût et les répercussions sociales de cette modernisation ne sont pas négligeables : 90 millions d'euros d'investissements, et près de 25 % d'emplois en moins. Les résultats sont aussi spectaculaires. Désormais, vingt tonnes d'archives papier peuvent être stockées sur une série de disques numériques pesant à peine plus d'un kilo. Cela a permis à l'État de vendre en 2006 un immeuble pour un montant de près de 80 millions d'euros. Mais ces premières bonnes nouvelles ne suffisent pas aux finances publiques, qui attendent beaucoup de Télé@actes, l'enregistrement direct en ligne des données hypothécaires à laquelle participent d'ores et déjà une majorité de notaires. La Cour souligne que les conservations des hypothèques facturent de façon abusive des « frais de correspondance » qui n'ont plus lieu d'être grâce à l'informatisation... « Les gains de productivité à attendre devraient, à terme, permettre de nouvelles et importantes réductions d'effectifs », avertissent les sages.

Est mis en cause également le statut hors norme du conservateur (qui dirige chacune des trois cent cinquante-quatre conservations). La cour reproche à ce fonctionnaire d'agir sous un régime mal connu, et pour cause : aucun des textes réglementaires concernant cette catégorie n'est publié. « En 2006, les montants des rémunérations se sont étagés, selon les trois cent cinquante-quatre conservations, entre 55 000 euros et 245 000 euros », ajoute la Cour, niveau exceptionnel dans la fonction publique, qui, au surplus, « aurait été dépassé si la direction générale des Impôts n'avait appliqué un plafonnement ». Le fait que les rémunérations explosent vient de ce que le salaire du conservateur est lié... au montant des transactions réalisées par « sa » conservation ! En réalité, le poste de conservateur est un bâton de maréchal, que Bercy délivre à ses soldats les plus méritants en fin de carrière. Cette récompense permet au bénéficiaire d'arrondir significativement le montant de la pension dont il bénéficiera par la suite. Ces nominations très enviées n'échappent pas à une certaine politisation. Récemment, la désignation de Jean-Christophe Le Duigou, un des lieutenants de la CGT, a encore contribué à discréditer le fonctionnement de l'institution. « J'ai d'ores et déjà annoncé aux personnels la fin du statut de conservateur des hypothèques et du mode de rémunération pour l'année 2012 », a prévenu Éric Woerth, le ministre du Budget – ce qui laisse aux notaires un court laps de temps pour tenter de s'approprier l'ensemble de la gestion du fichier des hypothèques.

4

Très chères erreurs

C'est un grand jour pour Olivier. Frais émoulu de son école d'ingénieurs, il vient d'acquérir son premier bien : un petit studio dans une rue passante de Lille, sa ville natale. Dans sa vieille Renault, il a chargé quelques cartons, ses livres d'études, un matelas et les vêtements qu'il vient de récupérer chez ses parents. Il se gare à proximité de sa nouvelle adresse, cherche ses clés dans ses bagages, ses premières clés. Les bras chargés, il parvient à la hauteur de son nouvel immeuble, mais ne le reconnaît pas. L'entrée est en effet barrée d'un large panonceau avertissant : « Entrée interdite. Danger. » Danger ? Les voisins le renseignent vite : l'immeuble, rongé par les termites, va être détruit. Lors de la vente, le notaire a oublié de vérifier le certificat attestant l'absence de ces minuscules bêtes qui peuvent ravager des constructions.

Si surprenant que cela paraisse, en dépit de leurs longues études, les hommes de l'art que sont les notaires – et leurs clercs – commettent des erreurs nombreuses. Une étude n'est pas à l'abri de la défaillance humaine, loin de là. Voici ce qu'en pense ce fournisseur de services informatiques qui est spécialisé dans le service aux offices : « Lorsque nous venons numériser les documents, il n'est pas rare que l'on s'aperçoive que certains actes ont été perdus. Parfois il manque une année entière, ou plusieurs, que l'on ne retrouvera pas... » La conservation des actes originaux fait pourtant bien partie des missions-clés du notaire.

Renaud Smerdjian, avocat chez Mayer Brown, un cabinet qui possède un important département de droit de la famille, le confirme : « Nous traitons dans un de nos plus gros dossiers actuels une succession. Eh bien, le notaire, bien connu sur la place, s'est tout simplement trompé de cour d'appel pour une déclaration au greffe ! » Une bourde pour le moins inexplicable, qui jette globalement sur l'organisation de la succession de cet industriel décédé en 1997 un voile d'incertitude... Plusieurs millions d'euros sont en jeu.

Les entreprises à leur tour mesurent ces failles. « Le copier-coller fait des ravages, témoigne la fondatrice d'un important groupe d'immobilier d'entreprise. Il arrive de retrouver dans un dossier le nom du client précédent. Il faut absolument tout relire. » Encore faut-il en avoir la possibilité.

Guy en rêvait, de cette piscine. Ils ne s'étaient pas encore retirés dans le Midi, lui et son épouse, Lucie, que les amis en entendaient parler, et savaient exactement l'emplacement qu'elle occuperait dans le jardin de la maison achetée à Aix-en-Provence. C'était avant le cancer de Lucie, qui l'emporta. Surmontant le drame, Guy décide de poursuivre, seul, les projets du couple. Lorsqu'il emménage enfin chez lui, au soleil, c'est donc l'un des premiers chantiers qu'il entreprend. Il prend contact avec un constructeur de piscines, attend le retour des plans et devis, puis signe, enthousiaste, ayant hâte de voir y plonger l'été venu ses petits-enfants. Juillet et août de l'année suivante sont à la hauteur de ses attentes : enfants, petits-enfants (Guy en a cinq) et amis des uns et des autres se succèdent dans son jardin, autour du joli bassin.

Puis, en juin de l'année suivante, c'est une mauvaise nouvelle qui s'invite. Elle vient des contrées septentrionales, sous la forme d'un achat qu'ont opéré Kurt et sa famille, des Hollandais, celui de la propriété limitrophe, laquelle, leur a appris leur notaire, leur offre un droit de passage sur le terrain de Guy. Ladite servitude est due à moins d'un mètre de la piscine. L'aimable Kurt est bien décidé à jouir de son droit. Guy se rend en urgence chez son notaire. Celui-ci se défend, assure avoir prévenu le couple au moment de l'achat, ajoute : « Nous n'y pouvons rien, c'est la loi. Cette servitude est inaliénable. » Guy n'a pour sa part aucun souvenir de cette conversation sur ce droit de passage, et d'ailleurs nulle trace écrite d'une quelconque servitude ne figure sur son acte de propriété.

Un ami, notaire de son état, lui apprend que l'officier ministériel est responsable de cette situation. Mais le retraité se moque de la responsabilité du notaire ; tout ce qu'il veut, c'est conserver sa piscine. De plus, si le Hollandais exerce son droit de passage, la maison de Guy perd de sa valeur... Pour ouvrir des négociations avec Kurt, qui ne vient à Aix que l'été, il met notamment en avant les bonnes relations de voisinage. S'il paraît froid, le voisin se montre finalement plutôt arrangeant. Après six mois de tractations, essentiellement par téléphone, il accepte de déplacer cette servitude d'une trentaine de mètres, vers le bas du terrain. En compensation, il touche une indemnité de la part de Guy. Les deux voisins se sont engagés à planter une haie touffue pour que chacun reste chez soi.

Cet oubli de servitude est un classique. C'est sans doute même l'erreur la plus fréquente que laissent passer les notaires. La servitude – en l'espèce, un droit de passage – peut ne pas être signifiée sur l'acte de vente, elle n'en existera pas moins. En théorie, l'officier ministériel ne peut en manquer aucune. En effet, la conservation des hypothèques lui signale celles qui sont postérieures à 1956. À moins de commettre elle-même une erreur. Pour celles qui sont antérieures, l'affaire se complique. Certains notaires se contentent dans ce cas, si le bien a déjà été vendu plusieurs fois au cours des années précédentes, de s'appuyer, à tort, sur le travail de leurs prédécesseurs.

La « purge » du droit de préemption offre elle aussi l'occasion d'un faux pas parmi les plus fréquents. Lors d'une transaction immobilière, il incombe au notaire de vérifier que d'éventuelles personnes physiques ou morales prioritaires dans l'acquisition du bien (maison, local commercial ou appartement) ne veulent pas exercer leur droit. Certaines mairies, notamment, afin de maîtriser leur plan d'urbanisme, ont un droit de préemption étendu à l'ensemble de la commune. Les services du maire ont alors deux mois maximum pour se prononcer avant toute vente. De même, le locataire a un droit de préemption si le bien qu'il occupe est mis en vente. S'il propose les mêmes conditions que l'acheteur potentiel, il devient prioritaire. Si le propriétaire a omis de le prévenir de ses intentions, il peut tout à fait casser la vente. En cas d'indivision également, si l'un des copropriétaires est vendeur, il doit d'abord proposer aux autres d'acheter.

Quand le notaire se montre trop pressé et oublie de purger le droit de préemption, la vente peut être frappée de nullité. Là encore, l'officier public, pour n'avoir pas commis de malversation où il se serait enrichi, a néanmoins commis une faute dont les conséquences en cascade risquent d'être lourdes. Au minimum, il lui en coûtera les frais de dossier dans cette vente cassée. Le droit de préemption représente dans ce cas une épée de Damoclès suspendue de longues années durant au-dessus de la tête de l'acquéreur car, si l'on a deux mois au plus pour se faire connaître au moment de la vente, certains recours sont recevables pendant trente ans.

Hugues en veut à son ancien notaire et ne décolère pas. Lorsqu'il a acheté son appartement, l'acte authentique spécifiait qu'il comportait bien trois pièces et un couloir pour relier deux d'entre elles à la troisième. Mais rien ne précisait que ce couloir avait été « récupéré », de façon informelle, par l'un des anciens propriétaires sur les biens indivis de l'immeuble ! Or, le jour où la copropriété s'est tournée vers Hugues pour lui demander son titre de propriété, il n'a pu que reconnaître qu'il n'en avait pas. Il n'a pas apprécié de se voir contraint de dépenser 2 300 euros pour un acte modificatif *a posteriori* ni de subir deux ans de tracasseries... Par chance la copropriété s'est contentée de l'euro symbolique.

Pour éviter ces désagréments, le notaire aurait dû, le jour de la vente, se procurer les plans de la copropriété lui permettant d'identifier les parties communes. Cet oubli, impardonnable dans Paris ou dans les grandes villes de province, est malheureusement encore trop fréquent. Certains officiers ministériels, prudents, font signer aux acheteurs une déclaration sur l'honneur dans laquelle ils s'engagent à n'exercer aucun recours auprès du notaire sur la superficie du bien acheté. Le plus souvent, c'est signe que l'officier ministériel est dans l'incapacité de présenter les plans de la copropriété...

La propriété des caves, voilà encore de quoi engendrer fréquemment d'inextricables imbroglios. Il n'est pas rare de voir leurs numéros ne pas ou ne plus correspondre aux numéros de lot, et changer de propriétaire sans crier gare. Pour ne rien dire de celles qui sont occupées, de façon illégale, plus ou moins longtemps. Entre autres histoires de sous-sols, voici celle de Véronique, jeune femme ravie d'acquérir, grâce à l'aide substantielle de ses parents, un deux-pièces dans le 10e arrondissement de Paris. Le jour de la signature, elle ne s'attarde pas sur la question de la cave, bien que l'ancien propriétaire n'en fournisse pas la clé. Lorsqu'elle se met en quête de ce local quelques semaines plus tard, elle se rend compte que tous sont occupés ! Nul, pas même son notaire pourtant censé vérifier l'entière propriété du bien dont il a signé la transaction, n'est en mesure de l'éclairer. L'officier public aurait pu parer d'avance aux ennuis en se plongeant, par exemple, dans le règlement de copropriété – à défaut des plans. Véronique a mis plus de trois ans à récupérer sa cave, qu'un de ses voisins avait envahie.

Fabienne a acheté dans le 14e arrondissement de Paris un atelier d'artiste, non qu'elle en soit une – elle est banquière – mais parce qu'elle y voit un bel espace de vie. Or son notaire, tout comme celui du vendeur, n'a pas procédé au changement d'affectation des lieux – une autre des erreurs qui se glissent trop souvent dans les actes. Pour les impôts, la ville ou le syndic de l'immeuble, cet atelier est une surface commerciale, pas une surface d'habitation. Les charges ne sont pas les mêmes. Les contraintes non plus. Fabienne a donc dû mettre la main à la poche, après coup, pour effectuer ce changement d'affectation.

Dans certains cas, l'officier ministériel n'est pas seul en cause : tout client ne se comporte pas en

« honnête homme ». La responsabilité de l'officier ministériel n'est pas toujours engagée, même lorsqu'il est impliqué. C'est ce qui se passe avec Yann et Séverine qui, au moment de signer à l'étude leur compromis de vente, n'éprouvent aucune inquiétude. Le couple de vendeurs leur inspire confiance – il s'agit même de vagues connaissances du notaire. L'appartement, sis sur l'île de la Cité, en plein cœur du Paris historique, répond parfaitement à leurs attentes : vue sur la Seine, belle hauteur sous plafond, parquet en chêne... le tout moyennant un prix rondelet. Pourtant une déconvenue attend Yann et Séverine. L'acte authentique signé, les heureux acheteurs vont sabler le champagne dans leur nouvel appartement. Si, bien sûr, le lieu est vide des meubles et des tableaux qui lors de la dernière visite pendaient encore aux murs, ils ont découvert avec stupéfaction que le parquet s'est également volatilisé ! Les anciens propriétaires l'ont fait enlever au cours de la semaine précédant la vente, comme les voisins le leur révéleront plus tard. Yann et Séverine portent plainte, mais en vain : le parquet ancien qui donnait tant de charme à la pièce principale, ne figurant pas dans le descriptif réalisé par l'étude ni dans l'acte de propriété, impossible de démontrer clairement la mauvaise foi des vendeurs.

On ne compte pas les cheminées, volets en bois anciens, baignoires, portes de chambres, poignées de fenêtres et à l'occasion portes d'entrée qui s'envolent ! On voit inversement des vendeurs « oublier » de vider la cave des déchets qui y traînent depuis des lustres et d'autres, la veille du jour où ils quitteront les lieux, donner une sorte de pendaison de crémaillère à l'envers qui vandalisera tout. Naturellement l'officier ministériel n'en saura rien.

Cet autre notaire, lui, a eu beau voir sa bonne foi abusée, il n'en reste pas moins fautif aux yeux de la loi. Il reçoit à son étude Éric, un homme d'une soixantaine d'années plutôt élégant, assez fortuné, accompagné de son épouse, Mylin, une femme plus jeune que lui, d'origine asiatique, venus signer la vente de leur appartement du centre de Lyon. Le paraphe des deux époux est indispensable, car ils sont conjointement propriétaires des lieux. Il s'agit d'un très bel appartement dont la valeur dépasse le million d'euros. Le rendez-vous se déroule sans problème. Le notaire transfère les fonds, le dossier est refermé.

Mais voilà que, quelques semaines plus tard, une autre Mylin pousse la porte de l'étude. La vraie. La véritable épouse d'Éric ! La femme qui a signé l'acte de vente, quoique possédant la carte d'identité de Mylin, n'est qu'une usurpatrice. Et sa signature, bien que remarquablement imitée, n'est pas non plus celle de la conjointe légitime, comme le confirmeront plus tard des graphologues. Le rôle de cette femme de paille consistait à tromper l'officier ministériel le temps de permettre à Éric de vendre l'appartement avant de disparaître. Malheureusement pour lui, ce jour-là, le notaire a commis la fatale erreur : il n'a pas demandé les extraits d'acte de naissance. Il a donc été déclaré responsable civilement, et a dû verser à la véritable Mylin de substantiels dommages et intérêts.

5

La main dans le sac

« Cela m'a fait froid dans le dos. » La première fois qu'elle s'est rendue à l'assemblée générale des notaires de son département, en novembre 2007, A. N., tout juste nommée à Marseille, a eu la surprise de trouver en face d'elle et de ses pairs la procureur de la République en personne. Cette haute magistrate juge utile de proposer à la compagnie des notaires des Bouches-du-Rhône une mise au point sur les questions de « déontologie ». La célèbre prison des Baumettes a en effet accueilli au cours des années et même des mois précédents plusieurs notaires en exercice.

Le dernier scandale en date ne remonte pas plus loin que le 15 janvier 2010. Ce jour-là, deux notaires d'Aix-en-Provence et un notaire de Marseille ont été mis en examen pour « faux en écriture publique et complicité d'escroquerie en bande organisée ». Après soixante heures de garde à vue, ils ont tous trois été incarcérés. Quelques semaines plus tard, deux confrères lyonnais sont entendus à leur tour. Plusieurs officiers publics sont soupçonnés d'avoir joué les

« hommes de confiance » d'Apollonia, société qui proposait depuis 1997 à ses clients d'investir dans des opérations immobilières défiscalisées et prometteuses, qui devaient finir par tourner au cauchemar. La moyenne d'endettement des quatre cent cinquante victimes, aujourd'hui regroupées au sein de l'association ASDEVILM-ANVI, approche les 2 millions d'euros. La justice reproche aux notaires d'avoir donné du crédit au montage financier d'Apollonia. À l'instar de ce médecin des Pyrénées-Orientales, les victimes étaient en confiance : « Il y avait un notaire, des avocats, des fiscalistes, cela paraissait très sérieux. » D'autre part, certaines des procurations reçues par les notaires pour agir au nom des clients victimes pourraient être des faux, signés au coin d'un comptoir de bistrot ou dans un cabinet médical, et portant des dates fantaisistes... L'évocation de l'affaire Apollonia fait aujourd'hui trembler les responsables de la profession et leurs assureurs, qui s'attendent à une multiplication de ce type de dossiers dans les années à venir.

À Marseille toujours, les frasques de Me Serge Dubost ont également défrayé la chronique. L'homme a joué de malchance. En juillet 2002, chargé de la succession de Jeannine Schuhl, il se rend au Crédit lyonnais pour l'ouverture d'un coffre. Pagaille, on ne trouve pas les clés. On finit néanmoins par en ouvrir un, ce n'est pas le bon. Seulement, cela, Serge Dubost ne le sait pas. Pas encore. Sept bons au porteur, d'une valeur totale de 48 405 euros, disparaissent de l'inventaire testamentaire qu'il dresse. Le « porteur » qui les encaisse se révélera être un clerc de son étude. Les bijoux contenus dans ce coffre s'envolent, eux, vers une salle des ventes. Des titres de propriété disparaissent en même temps. Autant de larcins que la véritable propriétaire du coffre, qui n'est pas décédée, va dénoncer. « J'ai cédé à la tentation », avance pour sa défense Me Serge Dubost au juge. Ce quadragénaire, condamné à deux ans de prison ferme et interdit d'exercer, a fait appel de cette décision.

Entre 2001 et 2004, un autre notaire de la cité phocéenne, Me Marc Saladini, prend quelques libertés avec la déontologie. Il emprunte des fonds à ses clients qu'il destine à un « ami en difficulté ». Il est au bout du compte condamné à quatre ans de prison, dont deux ferme, pour « escroquerie par personne dépositaire de l'autorité publique et abus de confiance ».

Cette peine, Me A., notaire installé au cœur du vieux Paris, a la chance d'y couper : il signait des reconnaissances de dette à ses clients, dont l'une porte en clair non seulement le taux d'intérêt de la transaction, 11,50 % l'an, mais encore la clause qui en cas de non-remboursement rend exigible une « indemnité complémentaire ». Mêlant savamment amabilités et haute technicité, cet officier public particulièrement affable avec ses interlocuteurs a ainsi multiplié les prêts par billet – il en aurait signé une trentaine –, avant d'être destitué. La pratique des « prêts par billet », autorisée jusqu'en 1964, est depuis formellement interdite aux notaires. Elle permettait aux officiers publics de prêter ou emprunter de l'argent aux clients de leurs études contre remise d'un billet prouvant cette transaction.

Une revue de presse des journaux régionaux, à la rubrique des faits divers, montre que la mise en cause d'un notaire est un événement exceptionnel, mais dont les médias se montrent friands. À intervalles réguliers, les gros titres pointent les turpitudes d'un officier public, notable local : « Notaire à la ville, faussaire à la campagne » ; « Prison ferme pour le notaire indélicat » ; « Le testament vicié » ; « Condamnation aggravée pour le notaire et le promoteur » ; « Vannes : un an de prison pour le notaire » ; « Le notaire confondait les comptes » ; « Un notaire sous les verrous » ; « Notaire nancéien soupçonné d'indélicatesse » ; « Le notaire avait oublié de déclarer ses impôts » ; « Le notaire avait détourné 30 000 euros » ; etc.

Si l'on parvient à éviter la publicité autour de ces scandales, ils se soldent le plus discrètement possible. Pour l'année 2009, le ministère de la Justice a recensé, au niveau national, neuf condamnations pénales de notaires, une interdiction d'exercer et trois suspensions temporaires.

Les histoires de détournements sont parfois truculentes, parfois tristement banales. Un modèle du genre est le « roman » de Me C., ancien notaire à Tournan-en-Brie, bourg de Seine-et-Marne, qui à l'aube de la retraite se mue en escroc. En quatre ans, il détourne sept héritages à son profit – c'est un malfrat tardif, mais doué. Il a même une idée géniale :

il repère les terrains en déshérence et leur invente d'heureux héritiers ! Ensuite, il s'approprie la vente de ces terrains, *via* une société civile immobilière, dans laquelle il possède des parts. Ainsi, c'est l'État qu'il floue – il a donc toutes chances que personne ne s'en rende compte. Mais un beau jour, alors qu'il s'apprête ainsi à mettre la main sur une terre de Pontault-Combault, surgit un vrai héritier qu'il n'avait pas du tout prévu ! Devant les jurés de la cour d'assises, en 2005 – car, pour un officier ministériel, les délits de faux, d'escroquerie, d'abus de confiance peuvent être qualifiés de crimes –, la défense explique que, s'il a changé de comportement, c'est la faute de l'épouse, « harpie domestique », « croqueuse » alignant dans ses placards plusieurs centaines de paires de chaussures...

Le train de vie, un endettement trop important, une mauvaise affaire à rattraper : telles sont souvent les raisons qui peuvent pousser un officier ministériel à basculer dans la délinquance. Me G., ancien notaire à Châtillon-en-Bazois, a lui aussi quasiment terminé sa carrière lorsqu'il est pris la main dans le sac. À l'époque, c'est un professionnel reconnu, auxquels ses pairs confient des responsabilités départementales et régionales. Mais il a voulu racheter, notamment, plusieurs études dans le département. Devant les juges il invoque un besoin d'argent sans cesse croissant, ce qui se comprend, ses emprunts étant considérables. L'engrenage lui confère une grande ingéniosité : il imagine un savant système de taxations indues, générant un chiffre d'affaires fictif. En quelque sorte, Me G. ne lésait pas, lui non plus, directement ses clients, mais l'État.

D'autres ne s'embarrassent pas de montages complexes. À Vannes, Me F. a directement utilisé la quasi-totalité des fonds d'une succession transmis à son étude pour régler les frais occasionnés par celle... de son propre père ; il a été condamné à un an de prison ferme en appel, en 2003. Me P., notaire à Colmar, étudiant brillant et fils de notaire, détourne pareillement une succession pour combler une dette fiscale. Mais jouer avec la succession d'un abbé est risqué, et Me P. ne l'a pas emporté au paradis.

Il y a quelques ficelles classiques, connues de la profession, auxquelles veillent particulièrement les contrôleurs lorsqu'ils inspectent annuellement les études. La captation d'héritage en fait partie, tout comme la falsification de testaments. Dans la Sarthe, Me C. a écopé de trois ans de prison ferme pour avoir trompé une bonne vingtaine d'héritiers. Mais parmi les malversations classiques, on en trouve de beaucoup plus rentables. Deux notaires du Rhône ont, par exemple, été épinglés dans un vaste système d'escroqueries bancaires et immobilières évalué à près de 5 millions d'euros. Les opérations immobilières sont la bête noire des assurances, car les montants en jeu peuvent, en ce domaine, se révéler colossaux.

Au nombre des péchés capitaux figure indubitablement le fait de succomber à la tentation d'acquérir pour soi, ou pour un proche, un terrain à bas prix que l'étude où l'on travaille est chargée de vendre. La cour d'appel de Poitiers a d'ailleurs aggravé une sanction prononcée par les juges de Rochefort dans un tel cas. L'arrêt a pour attendu que « la préparation de l'escroquerie par de tels professionnels, garants de la transmission de la propriété et à qui a été confié par l'État un rôle protecteur du citoyen, doit être sanctionnée au niveau où ils ont fauté ». À bon entendeur, salut.

Dans l'affaire suivante, la justice a finalement donné raison à la notaire T. C. Pourtant, l'histoire reste troublante. En mars 1997, un couple d'agriculteurs fait connaître à sa fille unique, Sophie[1], sa volonté de lui céder son bail de dix-huit ans sur un terrain de trois cent vingt hectares des environs de Châteauroux. Un échange de courrier entre notaires, en avril 1997, témoigne de ce choix. Mais un an plus tard, Alfred et Léonie ont changé d'avis. Ils ne veulent plus céder le bail à Sophie et souhaitent même encore exercer pendant deux ans avant leur départ en retraite. Finalement, en juillet 1999, une société d'exploitation agricole est créée sur ledit terrain. Son régisseur n'est autre que Bernard, l'époux de Me T. C., notaire d'Alfred et de Léonie... S'il n'y a pas de faute légale de l'officier ministériel – les actes sont légalement signés par le couple –, son lien de parenté avec Bernard laisse planer la suspicion. Me T. C. a cependant été lavée de tout soupçon

1. Les prénoms ont été changés.

d'« abus de position dominante » ou d'« abus de conseil ».

Autre affaire, autre lien d'intérêts entre le notaire et sa clientèle familiale. Cette fois-ci, Me C. a privilégié son épouse, Amélie, lésant ainsi les dix autres héritiers en lice. En décembre 2000, Anne décède. Le 6 mai 1987, elle a désigné sa sœur, avec laquelle elle vivait, Geneviève, comme sa légataire universelle. Mais sans que la famille soit vraiment en mesure de dire comment, ce testament ainsi que celui de Geneviève, qui décède à son tour en avril 2003, se retrouvent dans les mains de Me C... alors que ces documents avaient été confiés à deux notaires différents. Or, ce fameux Me C. est le gestionnaire du compte bancaire d'Anne. Et il est aussi de la famille, sa femme, Amélie, étant la nièce des sœurs défuntes, outre qu'elle a pour marraine l'une des deux, Anne. Or dans cette famille la tradition veut que des liens particuliers lient parrains ou marraines à leurs filleuls. Nul ne pose donc de question. Nul ne s'étonne que l'héritage d'Anne ne soit pas distribué. Ce n'est qu'en décembre 2005 que Me C., cédant aux injonctions des membres de sa famille, qui ne voient toujours rien venir, adresse copie des deux testaments olographes d'Anne et de Geneviève. Des documents qu'il prétendait inexistants ! Depuis, une procédure est engagée pour récupérer cette captation d'héritage.

Pour quelques notaires, le terrible supplice de Tantale peut encore prendre la forme de tous les comptes clients non soldés, sur lesquels il ne reste parfois que quelques dizaines, voire quelques centimes d'euros, oubliés de leurs propriétaires, mais qui, mis bout à bout, finissent par arrondir les fins de mois. Un notaire, officiant à Orléans, est ainsi parvenu, mois après mois, à se constituer une pelote de 30 000 euros.

Les exemples de malversations sont légion. À Tours, ce sont les rapports de l'inspection annuelle de la chambre départementale notariale datant de la fin de 2007 et de la mi-2008 qui ont fait toute la lumière sur des dysfonctionnements. L'étude, comptant trois notaires, a été placée sous administrateur judiciaire au début de 2009. Les contrôles ont notamment révélé que cette étude percevait de façon systématique, « pour tout dossier où intervenait une société », des frais pour demandes d'extrait du registre du commerce alors que ces demandes n'étaient, « en réalité, que rarement faites ». D'autre part, l'un des associés a déposé plainte pour « détournements d'intérêts dus au bénéficiaire d'une succession » au profit d'un autre des associés. Dans ce dossier, la justice souligne les erreurs comptables à répétition. Elle montre du doigt, entre autres, le compte pertes et profits crédité du solde des comptes clients : les sommes, allant de 22,96 euros à 95,23 euros, sont certes symboliques, elles n'en incarnent pas moins des pratiques contraires aux règles professionnelles. L'instruction de cette affaire à tiroirs est toujours en cours à l'été 2010.

Me Alain Bischoff a, lui, été condamné à seize mois de prison ferme et quarante-quatre mois avec sursis le 23 janvier 2009 par le tribunal correctionnel de Mulhouse. L'officier public, un quinquagénaire, finalement frappé d'une interdiction d'exercer de cinq ans, a non seulement opéré au moins 1,2 million d'euros de détournement, mais encore fraudé le fisc à hauteur de 110 000 euros. Le conseil régional des notaires a obtenu l'euro symbolique, pour le « préjudice moral » porté à la profession dans cette affaire. À l'issue de l'audience, Me Alain Bischoff, arrivé libre, est reparti entre deux policiers qui l'ont mené passer sa première nuit en prison.

Me Jean-Charles Salphati, lui, n'a été condamné qu'à des dommages et intérêts. Ce notaire connu a perdu en justice face au couple de Robert et Mireille dans une affaire un peu différente. Tant devant la cour d'appel d'Aix-en-Provence, le 1er février 1997, qu'en Cour de cassation, le 28 mai 2009. Ces jugements font même jurisprudence aujourd'hui, en matière de « devoir de conseil » et d'obligation de « mise en garde » de la part des notaires. Le notaire, qui se targue d'amitiés politiques de premier plan, a été mis en examen pour « escroquerie, faux et usage de faux et abus de biens sociaux ». L'affaire commence en août 1991. Dans « un cadre splendide et avec une clientèle de qualité », comme le décrit la presse de l'époque, le restaurant qu'achètent Robert et Mireille s'appelle La Brocherie Saint-Basile. Mais ils n'ont pas les moyens de cette acquisition. Ils s'en remettent donc totalement aux conseils de leur notaire de famille depuis deux générations, Jean-Charles Salphati – aujourd'hui à la retraite mais alors maire RPR de Cuers (Var). Me Salphati impressionne alors par son carnet d'adresses : il se prétend proche de Nicolas Sarkozy, mais aussi de Jacques Toubon et d'Hubert Falco.

En dépit de ses dénégations devant la justice, l'officier public est accusé d'avoir mis sur pied un système de location-gérance, assorti d'un prêt de 1 million de francs (150 000 euros) hypothéqué sur leur maison, surévaluée pour l'occasion. Les propriétaires de La Brocherie doivent débourser, par mois, 100 000 francs (15 000 euros) ! Une somme astronomique qu'ils pensent pouvoir régler, compte tenu de l'analyse d'un cabinet d'expert-comptable qui les assure d'un chiffre d'affaires prévisionnel – totalement erroné – de plus de 3,5 millions de francs (530 000 euros) par an. Un an après, l'entreprise se retrouve en cessation de paiement. Mais Robert et Mireille devront patienter plus de quinze ans pour gagner en justice. Le notaire, mais aussi le cabinet d'expert-comptable qui aurait présenté des faux, ont été condamnés. Ces quinze années de procédure se sont déroulées dans un climat délétère. Se sont succédé menaces de mort, disparition de pièces d'instruction dans le bureau du procureur et dessaisissement d'un juge d'instruction.

L'affaire est à l'origine de la vocation d'une des filles de Robert et de Mireille, devenue... avocate.

6

Self-control

Au deuxième étage des beaux bâtiments du CSN, les vastes bureaux de la direction dominent l'esplanade des Invalides. Le long du couloir à l'épaisse moquette bleue courent des moulures, et aux murs plusieurs rangées de tableaux représentent les présidents qui se sont succédé à la tête de la puissante maison. Ne manque qu'un nom à l'appel : celui de Me Chardon, notaire pourtant connu dans la profession, pour avoir été à la direction de l'une des plus grosses études de la capitale. À quelques années de la retraite, cet homme pourtant nimbé d'une certaine aura auprès des siens a été pris la main dans le sac. L'affaire s'est réglée dans la discrétion. Depuis, son portrait a été décroché et on a décalé les autres...

Les canards boiteux constituent la hantise de la profession. Dominique Garde, vice-président sortant du Conseil supérieur, en sait quelque chose. « Quand je reçois au CSN les notaires qui viennent d'être nommés, je les encourage. Je leur dis que de leurs rangs – en général ils sont près de cent vingt pour ce type de session – émergeront les prochains responsables de la corporation. Mais je sais bien aussi que, au sein de cette même assemblée, certains poseront problème. » Parmi les jeunes notaires, Dominique Garde le sait, se trouveront quelques « flambeurs ». Des hommes ou des femmes qui enfin parvenus au poste tant convoité ne manqueront pas d'anticiper sur les revenus qu'ils escomptent. Se croyant déjà arrivés, ils vivront en conséquence. Au moindre coup dur, ce seront eux les plus vulnérables. Et, peut-être, les plus enclins à des dérapages.

Ce matin-là, Jean-François Humbert, le président sortant de la puissante chambre de Paris, se rend comme à l'accoutumée à son bureau, au cinquième étage de l'hôtel du Châtelet, somptueux bâtiment historique à deux pas de l'Hôtel de Ville. Le lieu offre une vue exceptionnelle sur la Seine et le Palais de Justice. Mais pour l'heure il n'a pas le cœur à contempler l'un des plus beaux quartiers du centre de la capitale. Il doit, pour la deuxième fois de son mandat, prononcer une « censure devant la chambre assemblée ». L'exercice est hautement humiliant pour le comparant : ne s'agit-il pas de dérouler devant les confrères réunis le catalogue des turpitudes d'un notaire qui a failli ? Une sorte de mise au ban en bonne et due forme. « C'était un moment franchement désagréable, raconte après coup cet homme qui déteste que les choses ne soient pas convenables, selon son expression. En énonçant les motifs de la sanction, je n'avais pas vraiment envie de croiser son regard ! »

À Paris, cinq ou six séances disciplinaires se tiennent tous les ans. C'est-à-dire qu'environ 1 % des professionnels commettent des irrégularités relevées par leurs pairs. La chambre reçoit près de six cents lettres de réclamations de clients dans une année. Elle a installé un service dédié à ce problème. La proportion de notaires mis en cause par la profession elle-même en Bretagne est à peu près la même. Selon Thierry Thomas, président du conseil régional des notaires, il y a six ou sept séances disciplinaires tous les ans, pour quelque sept cents officiers ministériels dans cette cour d'appel particulièrement importante.

Les responsables de la profession ne peuvent prononcer vis-à-vis des leurs que des sanctions morales. Les cas les plus graves relèvent du tribunal. Mais le notariat, autant que faire se peut, préfère laver son linge sale en famille. Le système de contrôle de cette profession est, en effet, très particulier : tous les ans, les études notariales sont inspectées par des confrères en exercice. Ainsi, durant sa vie professionnelle, un notaire consacre une partie de son temps à éplucher les comptes de ses voisins. Les officiers ministériels d'un département sont chargés de vérifier le travail de leurs pairs d'un département proche mais, en principe, non limitrophe.

Pendant un jour ou plus, selon la taille de l'étude, une petite équipe composée d'au moins un notaire et un comptable prend place dans les locaux. En général, les inspecteurs ont passé un coup de fil au confrère pour annoncer leur venue et ce dernier leur a diligemment libéré un bureau. Le notaire contrôleur tire au sort un certain nombre d'actes en fonction du chiffre d'affaires de l'étude et en vérifie la bonne forme. Le comptable, lui, se penche sur les livres et surtout sur la très sensible « représentation des fonds clients » – c'est-à-dire l'emploi par l'officier ministériel des sommes, souvent importantes, voire très importantes, qui lui ont été confiées par ses clients. Le comptable contrôleur vérifie également que le notaire a bien soldé les comptes de ses clients et qu'il leur a bien rendu les éventuels excédents sur les provisions qu'ils ont versées, les « reliquats », dans le jargon professionnel. Là gîte souvent le lièvre : nombreux sont les dossiers consultés par les auteurs où l'on peut voir les inspecteurs obligés de rappeler les études à leurs devoirs.

En principe, le contrôleur a carte blanche lorsqu'il est en mission. Il ne peut, par exemple, se voir opposer la confidentialité d'un dossier. « Un jour, j'ai été amené à contrôler l'étude qui avait en charge la succession de François Mitterrand, raconte un grand notaire parisien. Si j'avais alors demandé les actes concernant Mazarine Pingeot, je les aurais eus... Mais, précise-t-il, je ne l'ai pas fait ! »

Le contrôleur est aidé dans sa tâche par le système informatique, lequel est aujourd'hui doté d'une mémoire spécifique, qui doit empêcher les manipulations frauduleuses. Pascal Ledan, notaire breton, se félicite : « Dans nos comptabilités, il est impossible d'effacer une opération. » Jusqu'aux années 1980 – nous en avons donné des exemples dans le chapitre précédent –, le notariat a été secoué par une série de scandales. Plusieurs bandits de grand chemin en col amidonné, s'appuyant sur leur statut de notables et leur réseau de relations, ont détroussé des dizaines de clients. De captation d'héritage en abus de confiance, de faux en détournement, Arnault Thomas-Chevalier, l'un des plus célèbres d'entre eux, a terminé sa carrière devant la cour d'assises de la Meuse. En mars 1995, il est accusé de meurtre. Reconnu coupable, ce notaire de Longwy se voit condamner à dix-huit ans de réclusion criminelle. Ce triste épisode a marqué le début d'une ère plus sévère encore de la part de la profession, ainsi que l'analyse un responsable des Mutuelles du Mans Assurances (MMA), l'assureur du notariat : « Le contrôle exercé est beaucoup plus serré. L'informatique, en se développant de façon hégémonique, a également assaini les comptabilités. »

Malgré tout, ce contrôle annuel reste aléatoire, les actes vérifiés étant tirés au sort. Son utilité est aussi pour une large part fonction de la manière dont les responsables locaux de la profession traitent les informations recueillies. Ils peuvent choisir : soit la sévérité, soit la clémence. Une bonne raison peut justifier une attitude bienveillante, au moins au premier rappel à l'ordre : préserver à tout prix le réseau relationnel.

Concrètement, les contrôleurs rédigent un rapport écrit assorti d'éventuelles observations, puis le contrôlé, qu'il soit notaire titulaire ou notaire assistant, répond. Le tout donne lieu à un document qui finira sur le bureau du procureur de la République.

Lorsqu'il prend connaissance de ces rapports annuels, Patrick Beau, le président de la conférence des procureurs, y regarde avec une attention particulière la section qui traite de l'« article 4 ». On appelle ainsi la petite ligne qui, le cas échéant, figure subsidiairement en fin de facture et est censée correspondre à ce qu'a effectué le notaire comme recherches spécifiques ou à l'activité de conseil qu'il a déployée. « Je constate plus d'une fois, fait remarquer le procureur, que ces facturations additionnelles sont exigées de façon tout à fait indue. Parfois, le rapport d'inspection note d'ailleurs lui-même une dérive. Il m'arrive aussi de demander à la profession des investigations complémentaires : une convention a-t-elle bien été passée avec le client avant la facturation ? Y a-t-il vraiment eu de la part du notaire un travail qui ne soit pas inclus dans la tarification ? »

Globalement, ce système de contrôle « n'est pas miraculeux », estime Patrick Beau, qui poursuit : « Il y a certainement des tas de choses dont je ne suis pas informé. N'empêche, avec le volumineux courrier que m'envoient des justiciables, je finis par tomber sur des irrégularités. La crainte de voir le procureur s'emparer d'un dossier pousse souvent la profession à prendre les devants. »

Il se trouve néanmoins que c'est habituellement le procureur qui demande aux responsables de la profession de traduire un confrère devant les instances disciplinaires. Un cas de cette nature est rapporté par un responsable de l'Ouest : « Récemment, j'ai dû convoquer un confrère. L'incriminé, après avoir fait recevoir des actes par un clerc non habilité, avait entrepris, pour tenter de couvrir cette manœuvre illégale, d'arracher à ses clients de fausses attestations le prétendant bel et bien présent au moment de la signature. Il a été condamné à trois ans d'interdiction d'exercer et un an de prison avec sursis. » Depuis quelques années, et à la demande de la Chancellerie, c'est à l'échelon de la région et non plus du département que se distribue la sanction : il était malaisé de s'ériger en censeur impartial d'un confrère que l'on croise régulièrement.

De 1994 à 2003, les tribunaux ont prononcé trente-deux destitutions de notaires et quatre-vingt-trois interdictions d'exercer. « Il faut savoir que l'interdiction, même temporaire, d'exercer frôle, en pratique, la destitution pure et simple. En effet, celui qui s'absente un temps est souvent obligé, par la suite, de passer la main », explique Me Félix, responsable de la déontologie au CSN. En moyenne, la profession procède annuellement à une épuration qu'on peut évaluer à une douzaine d'exclus.

Toutefois, ces mécanismes de contrôle savamment pesés ne couvrent pas l'ensemble des situations. Sur le terrain, les responsables de chambres départementales ou de conseils régionaux connaissent bien leurs ressortissants. Dans leur courrier eux aussi trouvent des doléances. Ils voient passer les dossiers noirs ou gris, ceux où l'assurance est un peu trop sollicitée. Alertés de la sorte, ils peuvent recevoir en tête à tête le confrère impliqué et éclaircir avec lui les éventuelles zones d'ombre d'une affaire. Les notaires redoutent ce « petit bureau », le surnom que l'on donne dans le milieu à ce type d'entretien d'homme à homme.

Il arrive également aux dirigeants régionaux d'exiger – comme l'a fait Alain Lambert, sénateur et ancien président du CSN – d'un notaire qu'il quitte le métier sans tambour ni trompette. « Lorsque j'étais président de chambre, j'ai prié – et sans en référer aux instances nationales – un confrère de se retirer. Depuis, cet homme est devenu directeur d'un établissement public[1]. »

Il faut dire que le scandale ne fait pas bon ménage avec la vie des affaires. Il porte atteinte à l'image de la profession dans son ensemble. Dans la grande majorité de ses brochures, le notariat aime en effet à mettre en avant la fiabilité des actes et la sécurité juridique qu'ils apportent. Tout le système de l'acte authentique a pour socle cette notion de sécurité. Sur les quelque quatre millions et demi d'actes que les notaires effectuent chaque année en France, seuls 0,1 ‰ soit quatre cent cinquante donneraient lieu à

1. Entretien avec les auteurs du 21 janvier 2008.

contentieux, si l'on en croit les chiffres avancés par le CSN.

La réalité est plus complexe. En pratique, la sécurité, pour le client, n'est pas la résultante de la supposée infaillibilité du notaire, mais de la bonne couverture d'assurance dont il peut se targuer, et qu'il paie cher, voire très cher. Les primes annuelles des notaires sont environ dix fois plus élevées que celles des avocats.

Selon une étude de 2003, un notaire est mis en cause une fois tous les deux ans, alors qu'un avocat ne sollicite son assurance qu'à deux reprises dans sa carrière, autrement dit tous les vingt ans. Sur la période 2000-2005, uniquement en matière de responsabilité civile professionnelle, ont été enregistrés entre quatre mille et quatre mille cinq cents sinistres par an, correspondant à un montant d'indemnisation de 80 à plus de 100 millions d'euros.

À côté de cette assurance professionnelle, qui prend globalement en charge les erreurs, le notariat a mis en place un autre mécanisme, la Caisse de garantie, qui, ayant pour vocation de préserver en toutes circonstances l'image de la communauté auprès du public, intervient pour couvrir l'indélicatesse d'un de ses membres.

Longtemps, cette Caisse, adossée au CSN, alimentée par les cotisations des offices, a lié de manière infrangible les notaires les uns aux autres au sein d'une communauté d'intérêt. C'est ce que souligne Jean-François Humbert : « Le principe de la solidarité est fondateur dans notre profession : on ne peut pas être en rupture totale avec un confrère dès lors que l'activité de chacun met en péril les finances de tous... »

Dans le milieu notarial, on se souvient encore de l'affaire Boyancé, du nom du jeune notaire toulousain qui a asséché les fonds de la Caisse de garantie, laissant à la fin des années 1960 une ardoise de 4 millions de francs et plus de mille victimes sur les bras du notariat ! Pour « rendre service », ce notaire installé à Six-Fours-les-Plages jonglait avec l'argent de ses clients, prêtant des fonds par-ci, réalisant des placements par-là, jusqu'au jour où la crise immobilière est venue mettre un terme à sa comptabilité hasardeuse. Toutes les études de France ont alors dû cracher au bassinet pour dédommager ses victimes. Mais depuis, les mécanismes ont évolué, la Caisse étant elle-même réassurée.

Selon des chiffres tenus confidentiels, la Caisse de garantie a enregistré en 2005 huit « sinistres », selon le terme consacré, qui lui ont coûté 1,4 million d'euros, en 2006, douze, pour un montant de 180 000 euros, mais neuf en 2007 s'étant montés pour elle à 2,5 millions d'euros, preuve qu'il est parfois des dégâts qui reviennent cher.

Voir régulièrement invoquée la responsabilité des notaires dans tous les domaines est aussi affaire d'époque. Autres temps, autres mœurs : les citoyens, qui n'imaginaient même pas poursuivre leur notaire il y a seulement trente ans, ne reculent plus aujourd'hui devant l'idée de traduire ce notable en justice et, selon le constat que dresse MMA (les Mutuelles du Mans Assurances), « depuis la fin des années 1990, c'est une tendance. Les justiciables hésitent de moins en moins à aller au procès avec leur notaire ».

En réaction, la profession a mis en place des structures dont l'existence est gardée secrète, mais qui se révèlent d'une redoutable efficacité : les comités techniques régionaux. Dans ces comités, qui se sont développés dans le ressort des cours d'appel ou au niveau des départements, sur injonction du CSN, après les années 1970, siègent des notaires locaux triés sur le volet, ainsi que des représentants des avocats du notariat, et les inspecteurs de l'assureur. Leur rôle officiel est de fournir un éclairage juridique et technique sur les plaintes. C'est là en vérité que se traitent toutes les affaires sérieuses. Progressivement semble s'être opéré un transfert insidieux des dossiers qui devraient relever du pénal vers une prise en charge par le volet responsabilité civile professionnelle de l'assurance – une voie beaucoup plus discrète. « De temps en temps, on entend les mouches voler », raconte un notaire qui a participé pendant plusieurs années au comité d'une grande cour d'appel. Il y a près d'un an, le roi des Belges s'est invité bien malgré lui dans l'une de ces réunions. Sa résidence niçoise devait être vendue pour près de 500 millions d'euros à un homme d'affaires de nationalité russe. « Mais les deux notaires en charge de la vente rechignaient à faire une déclaration de soupçon sur l'origine des fonds à Tracfin[1]. Là, l'assureur et le président du conseil ont tiqué », rapporte un membre.

Si les relations entre les inspecteurs délégués par MMA et les représentants notariaux, au sein de ces comités techniques ne sont pas, loin s'en faut, conflictuelles, c'est que désormais MMA assure, outre la responsabilité civile professionnelle classique des notaires, le fonds de garantie de la profession qui prend en charge défaillances et malversations. Que le client soit victime d'une escroquerie ou d'une simple étourderie, c'est à peu de chose près la même poche qui tout compte fait finit par payer. Pour la profession, l'avantage est énorme : ni le procureur ni le grand public ne seront informés...

« Je l'ai constaté encore récemment dans le cadre d'une vente en l'état futur d'achèvement, confie un membre d'un comité régional. Le notaire avait libéré les fonds des acheteurs au vu de fausses attestations – l'immeuble n'était pas sorti de terre. Ce notaire, de plus, habitait à cinq kilomètres de l'implantation du programme immobilier, il ne pouvait pas ne pas passer quotidiennement devant le chantier, qui n'était qu'un terrain vague... Sa mauvaise foi était patente. Pourtant, le comité a fait passer le dossier en responsabilité civile professionnelle. Pour le client, l'indemnisation financière est la même, mais pour le notaire,

1. Cellule du ministère des Finances chargée de traquer l'argent d'origine douteuse dont le nom complet est « Traitement du renseignement et action contre les circuits financiers clandestins ».

il n'y aura pas de poursuite pénale et, pour la profession, pas de scandale. Le notariat est une profession pleine de gens compétents, mais j'ai vu dans ces comités les dérives du corporatisme. J'ai vu nombre de dossiers qui ont donné lieu à une transaction, alors que le parquet aurait dû être informé. » Comme le cas de cet officier ministériel qui avait simplement cédé à la tentation de clore une succession en signant un acte de partage en l'absence de l'un des héritiers, lequel résidait aux États-Unis. Détail croustillant : l'affaire impliquait le président d'une chambre départementale...

Autre cas, le dossier de la succession Giacometti. Dans cette affaire à rebondissements qui ne manqua pas de faire du bruit, la veuve du célèbre sculpteur souhaitait léguer l'ensemble du patrimoine à la fondation portant le nom de son époux. Mais l'un des deux témoins de la rédaction de cet acte authentique n'était autre qu'un clerc travaillant dans l'étude – ce qui n'est pas autorisé par les textes. Il faut dire que la succession était évaluée alors à quelque 500 millions d'euros. Plusieurs grands juristes durent être requis pour déterminer si, du strict point de vue des textes, le clerc était celui du notaire ou de la société civile professionnelle (SCP) de ces notaires des Yvelines. Mais la question éthique restait entière. Pour ajouter à la confusion où baignait le dossier, le deuxième témoin mobilisé pour cette signature hors norme était un collaborateur de Roland Dumas, alors avocat d'Annette Giacometti (l'ancien ministre fut lui-même condamné en appel en 2006 pour avoir couvert le commissaire-priseur Jacques Tajan après que celui-ci, afin de régler les frais de succession, eut conservé une partie des fonds de la vente Giacometti de juillet 1994). Cette trouble affaire s'est là encore soldée par une transaction ultra-confidentielle : le frère de la veuve Giacometti, seul descendant, aurait accepté de transiger pour un montant de quelque 7,5 millions d'euros. Un spécialiste met à plat le système : « Quel que soit le montant d'indemnisation que verse l'assurance en cas de problème, la franchise du notaire ne s'élève qu'à 7 700 euros, et encore, quand MMA la réclame, ce qui est loin d'être la règle. Les officiers ministériels ne sont donc pas incités à la prudence. Je suis convaincu que certains d'entre eux prennent parfois sciemment un risque, sachant que même dans le pire des cas il ne leur en coûtera guère. »

Pierre est agent d'assurances depuis plusieurs décennies. C'est surtout l'un des meilleurs spécialistes du notariat au sein du groupe. C'est à ce petit homme toujours élégant que MMA confie aujourd'hui les dossiers les plus délicats. Sa voix est douce, son timbre rassurant et son phrasé régulier. Il sait également présenter les faits sous leur jour le plus avantageux. C'est l'homme des transactions, celui que l'on envoie sur le terrain proposer un accord. Il sait combien les « ventes en l'état futur d'achèvement », c'est-à-dire ces promesses de logements que l'on achète sur plan, alors que l'immeuble n'existe encore que sur les croquis de l'architecte, constituent une grosse part des contentieux. Car c'est au vu de l'attestation du notaire que les derniers fonds des clients sont appelés. Ces sommes sont déboursées à la signature par les acheteurs, mais elles sont consignées et ne sont versées au promoteur que si le projet immobilier suit normalement son cours. Or, dans ce domaine, les futurs propriétaires ne sont pas à l'abri de mauvaises surprises. Parfois, après la pose de la première pierre, les grues s'immobilisent. Pierre est formel : « Là, la jurisprudence est intangible. Elle considère que le notaire doit être le dernier rempart. Les juges ont, par exemple, condamné un notaire qui avait libéré les fonds au vu de l'attestation d'un expert-comptable salarié de l'entreprise de promotion immobilière. » Une attestation qui, selon les magistrats, n'avait pas pu être fournie en toute indépendance.

Ce type d'affaire s'est multiplié au point d'obliger MMA à créer une filiale chargée de reloger les familles et de reprendre les projets immobiliers en cours pour achever les constructions. C'est que les ventes en l'état futur d'achèvement représentent pour MMA 1 % des sinistres mais 9 % des sommes réglées. L'assureur projette toutefois, pour les années à venir, d'effectuer d'importantes provisions dans le domaine du « conseil fiscal » : sous cet euphémisme se cachent les scandales du type de l'affaire Apollonia où, comme nous l'avons vu, des notaires sont soupçonnés au mieux d'avoir mal conseillé des clients désireux d'investir dans des projets immobiliers défiscalisés, au pis d'avoir couvert des opérations frauduleuses menées par des pseudo-promoteurs peu scrupuleux. Un expert avertit : « Les lois de défiscalisation dans l'immobilier se sont succédé au cours des dernières années, du coup une recrudescence des contentieux est bien à craindre. »

Traditionnellement, les successions font, elles aussi, l'objet de contestations assez fréquentes pour représenter 5 % des sinistres et des sommes réglées. Elles surgissent le plus souvent lorsque le notaire n'a pas versé au fisc les frais de succession dans les délais, soit dans les six mois qui suivent le décès, et que les héritiers sont astreints à payer des intérêts de retard. Les successions sont aussi l'occasion de procédures sans fin et d'affaires inextricables, tel l'affrontement qui depuis 1982 oppose deux frères à leur notaire autour d'une peupleraie, avec pour les héritiers des débours de justice dépassant de loin la valeur dudit terrain.

Toutefois l'assureur des notaires, pas plus qu'eux, n'aime les procès. Un responsable du notariat à MMA le sait bien : « On ne va en appel ou en Cour de cassation que si l'on est quasiment certain de gagner. » Voilà qui arrange bien les statistiques que présentent les notaires. Pour devancer les ennuis, l'assureur dépêche également ses spécialistes dans les chambres, quand ce n'est pas directement dans les études, afin d'apprendre aux notaires à contourner les écueils les plus sanctionnés par les juges. En Corse, un officier ministériel avait fait l'objet d'une réclamation pour un acte qui n'avait pas été publié. Sur place, les experts de MMA découvrirent non pas une irrégularité, mais cent soixante points qui clochaient. L'un d'eux s'en souvient fort précisément : « L'homme oubliait de terminer ses actes. Nous avons dû tout redresser. » Assurément un procès n'aurait pas été en sa faveur...

Indéniablement, cet assureur-là soigne tout particulièrement ses clients. Fait unique en matière d'assurance, chaque notaire paie la même prime, quel que soit le nombre de « sinistres » de son parcours, pour garder le vocable que la profession est allée subtilement emprunter au registre des catastrophes naturelles afin de le purger de toute connotation d'erreur ou de fraude. L'assiette en est le chiffre d'affaires des études. Le taux est renégocié tous les trois ans pour l'ensemble de la profession. La société de courtage du CSN signe un contrat global pour tous les notaires – le dernier date de 2009. Pour MMA, le CSN est un très gros compte, pourvoyeur d'un chiffre d'affaires respectable mais, selon les mauvaises langues, d'un bénéfice nul.

Ce contrat offre aux notaires des avantages tout à fait exceptionnels. La quatrième cause de sinistres, en nombre, enregistrée par MMA entre 1999 et 2003 est en effet liée aux études elles-mêmes – et non pas aux plaintes de leurs clients. Il s'agit des « dommages aux machines de bureau ». Le contrat permet en effet aux notaires d'être indemnisés sur simple déclaration ! Résultat : cinq cent seize sinistres, et pas moins de 1 million d'euros déboursés par le très généreux assureur. Or, pendant ces années précisément, la profession a été poussée par ses dirigeants à un sérieux effort d'informatisation, notamment dans le cadre de télétransmission des actes aux hypothèques...

Au palmarès des indemnisations figurent également, en huitième place, les « dommages aux valeurs en dépôt suite à un vol ou à un dégât des eaux », autre clause tout à fait exorbitante du droit commun, qui ne totalisent pas moins de trois cent vingt-cinq déclarations et ont coûté à MMA la bagatelle de 1,1 million d'euros. Outre les factures de stylos Montblanc, de téléphones portables ou de manteaux de marque, on découvre, au fil des dossiers, des titres disparus et même des bijoux de valeur. De nombreux notaires disposent en effet d'un coffre-fort dans lequel les clients peuvent laisser leurs valeurs en dépôt, par exemple en vue d'une évaluation. Si celles-ci viennent à disparaître, c'est l'assureur qui doit intervenir, même en l'absence de toute trace d'effraction.

Le diadème de la princesse Cécile de Bourbon-Parme a laissé un souvenir cuisant aux Mutuelles du Mans. Cette pièce historique s'est en effet volatilisée un beau jour du coffre de l'étude Escargueil et Bouvat-Martin, à Paris, dans lequel l'avait déposée en 1996 la sœur de Charles-Hugues de Bourbon-Parme, chef de la branche des Bourbons de Parme. Non seulement la parure sertie de diamants, qui daterait du milieu du XIXe siècle, s'en est allée, mais avec elle tout espoir de repérer le moindre indice : nulle piste n'a été fournie par le notaire aux enquêteurs, nul résultat n'a été obtenu par ces derniers. Un collège d'experts a évalué le joyau disparu à 3 022 500 euros.

Au sein de MMA, une rumeur insistante prétend l'ornement princier enfoui dans le sous-sol de quelque château du nord de l'Europe. C'est en tout cas la version la plus plausible qu'auraient fournie les détectives chargés de leur côté de tirer au clair cette histoire trouble.

7

Les frondeurs

Voilà près de trente ans que les notaires ne lui inspirent que méfiance maladive et que, pour beaucoup d'entre eux, la réciproque est vraie. Quant au grand public qui a pu la voir hanter les grands plateaux qu'animent un Michel Polac, un Christophe Dechavanne ou un Julien Courbet, Gisèle Chabrol, épouse Néron, est le porte-drapeau des sans-grade, le défenseur des blessés du notariat, celle qui incarne le pot de terre affrontant le pot de fer. Comment devient-on pourfendeuse forcenée de la profession notariale, quel chemin peu ordinaire a parcouru cette femme pour venir du commerce local et songer un temps à briguer la magistrature suprême ?

Il nous faut remonter aux années 1970. La voix se fait nostalgique, citant les « relations » de l'époque : Annie Cordy, Charles Aznavour, ou encore Jean Ferrat, Marcel Amont et les Compagnons de la chanson, toutes vedettes qui fréquentaient Orval Plage, chez le couple Néron. André, gaulliste de la première heure, et Gisèle forment un ménage heureux, et qu'anime l'ambition, surtout depuis que les affaires vont bien pour lui grâce aux conseils d'un notaire en qui les Néron ont toute confiance, Me Jean Aucouturier. Ce notable de Saint-Amand-Montrond leur a apporté un soutien financier qui leur a permis d'ouvrir en 1956 le Francis, un cinéma de huit cents places. Dès lors, l'investissement s'étoffe : une base de loisirs d'environ deux hectares va équiper Orval, sur les bords du Cher, si bien qu'Orval Plage aura sa piscine olympique, son dancing, son restaurant, son golf miniature et, naturellement, barques et pédalos. Pour édifier leur petit empire, c'est bien entendu vers leur notaire que se sont tournés les Néron et qu'ils ont obtenu incontinent les fonds requis, profitant du système – le prêt par billet – qui permettait encore aux notaires de jouer les banquiers.

L'inauguration a lieu en 1962. Les personnalités sont au rendez-vous, le succès aussi. Dans un premier temps du moins. Survient une saison plus creuse que les autres, entraînant des difficultés financières. Le notaire met *illico* en œuvre l'hypothèque qu'il a posée sur les biens des Néron, afin de récupérer les 40 000 francs (6 000 euros) qu'ils lui doivent et sont désormais incapables de rembourser. Pour les Néron, c'est le début des mécomptes, l'affaire est vendue à l'encan, et la fin de cette ère d'entrepreneurs en inaugure une autre, où ils entrent en guerre contre le notariat, la disparition d'André ne faisant qu'attiser la rancœur de sa femme.

Jean Aucouturier a fait d'autres victimes, qui s'allient pour traîner leur ancien conseil devant la justice. À la suite de plaintes et d'une instruction judiciaire, la cour d'assises met au jour un détournement de 20 millions de francs (3 millions d'euros) au préjudice de cent vingt-sept clients ! Les nombreux contrôles effectués au sein de l'étude de Me Aucouturier par la chambre départementale des notaires ne se traduisent pourtant que par quelques observations et un rappel à l'ordre... Le notaire indélicat est condamné à cinq ans de prison avec sursis.

À travers la lutte qu'elle mène, Gisèle Néron découvre sa « voie ». Encore aujourd'hui, son combat prime pour elle ses passe-temps favoris, peinture, entretien de la maison, broderie, voire écriture de chansons ou de poèmes. L'ancienne secrétaire au maintien autrefois réservé apprécie les feux de la rampe. Elle va crever l'écran. Répondant à la profession de foi insistante qu'elle formule avec sa gouaille naturelle sur le plateau de « Droit de réponse » : « Mon seul moteur, c'est l'injustice », Michel Polac ne peut que l'encourager à fonder une association. « Le lendemain, raconte la vedette d'un soir, j'ai trouvé trois personnes devant ma porte qui voulaient me demander conseil. »

En mars 1985 est lancée l'association SOS victimes des notaires, qui va connaître diverses appellations. Des quatre coins de la France, des centaines et bientôt des milliers de gens se tournent vers cette femme dynamique, tirée à quatre épingles et sautant sans cesse du coq à l'âne. Prenant son rôle très au sérieux, Gisèle Néron accepte tous les dossiers. Les bons comme les mauvais. Son leitmotiv ? « Les procureurs ne savent rien, ils classent tout sans suite. »

Alors, elle passe par-dessus leur tête, multiplie les courriers aux différents gardes des Sceaux et aux candidats à la présidentielle, dont elle conserve jalousement les réponses dans un classeur bleu toujours à portée de main ou presque.

Sans être juriste, elle a mieux percé que beaucoup les arcanes du notariat et, forte de son influence médiatique, plonge dans maints dossiers. Surtout sollicitée pour des questions d'héritage, elle ne rechigne ni à écrire ni à téléphoner. À l'occasion elle se joint même aux entrevues de conciliation que décrochent ses adhérents. Son aplomb en étonne plus d'un ; les résultats sont parfois au rendez-vous. Certains notaires la craignent, d'autres la considèrent avec dédain. Retranchée à Bouzais, commune sur laquelle se dresse depuis plus de trois siècles le four à chaux autour duquel est bâtie sa maison aux volets roses si fleurie en été, Gisèle Néron ne se leurre pas trop sur l'idée que se fait d'elle la profession, mais n'en a cure. Tout, chez elle, est voué à la cause qu'elle défend. L'ancien jardin d'hiver a été transformé en bureau, dont les étagères croulent sous les dossiers – des dossiers plus ou moins fumeux.

En marge d'un annuaire officiel du notariat, elle a griffonné à la hâte ce que les adhérents de l'association reprochent à leur notaire, des manquements de tous ordres, que l'on en juge : « ne paie pas ses loyers » ; « facture de frais abusifs » ; « pratique le faux en écriture publique » ; « a falsifié un acte authentique » ; « coupable d'abus de confiance » ; « s'institue légataire universel ». Gisèle Néron ne s'en tient pas aux documents et actes juridiques, elle scrute aussi la vie privée de ces hommes de loi, de sorte que les notes portent aussi : « vend des biens à son propre mari » ; « joue au casino l'argent de ses clients » ; « pratique le prêt par billet » ; « a été placé en garde à vue à telle date, puis condamné à telle peine » ; « a été incarcéré le tant ». Quelque regard que l'on porte sur la qualité de son action, force est de constater que Gisèle Néron joue un rôle non négligeable dans l'univers notarial.

Combien de dossiers exactement traite-t-elle ou a-t-elle traités ? Vingt mille, assure-t-elle crânement. Le chiffre est manifestement exagéré. En mai 2005, à la même question du magazine *Que choisir ?*, elle répondait seize mille. Mais l'outrance fait partie du personnage, qui accuse sans preuves le « milieu » notarial de tenter de la noyauter avec de faux adhérents ou en lui envoyant de faux journalistes. Pour autant, c'est un constat, elle ne connaît ni trêve ni repos. Tous les lundis, elle assure une permanence pendant laquelle elle prête main-forte à des clients souvent désemparés. Beaucoup de ses visiteurs échouent dans son bureau en désespoir de cause, perdus dans les méandres juridiques de leur dossier. Ils puisent chez elle le soutien qu'ils ne trouvent nulle part ailleurs et lui manifestent leur reconnaissance.

« Elle nous aide », témoigne cette femme d'une cinquantaine d'années venue la consulter pour une question « délicate » portant sur un héritage après suicide. « On n'a pas le même langage que les notaires, on n'y comprend rien, ajoute son mari.

Mme Néron connaît son affaire, c'est un genre d'avocat. » Les trois personnes suivantes, des retraités, insistent, elles, sur la lenteur de la justice. « Cela fait sept ans que ça dure ! Sans Mme Néron, ça peut durer encore des années. Il faut que ça se termine ! » « Ça » ? Une autre histoire de succession, dans laquelle un terrain aurait été sous-évalué. L'un des retraités dit son mot : « On est dans un pays de droit, non ? Si les notaires étaient payés par l'État, ce serait plus sûr ! » Gisèle Néron écoute, lunettes à la main, regard compatissant. Bousculant un peu son interlocuteur, qui s'efforce de faire entrer dans le court temps imparti l'histoire de toute une vie, elle cherche l'entrée pertinente, prête à noter à la volée le plus souvent. Elle dicte la lettre ou même la rédige, là, sans attendre : Gisèle Néron n'est pas femme à remettre à plus tard. Son combat n'attend pas. Elle brandit avec fierté ces quelques mots envoyés par un curé : « C'est un beau combat que vous menez. Je prie pour vous. »

Les méchancetés de ses adversaires sont ses titres de gloire. « La mère Néron ? aurait lâché l'un d'eux s'il faut en croire un de ses adhérents. À l'âge qu'elle a, elle ne va pas tarder à décaniller. » Elle en rit, bravache. Sa fin n'est pas à l'ordre du jour, assure-t-elle. Mais, prévoyante et toujours soucieuse de son image, Gisèle Néron confie que le soir elle ne se démaquille pas, histoire d'être prête le matin où elle ne se réveillera pas.

Ce souci d'authenticité ne va pas jusqu'à rejaillir sur les comptes de l'association. Gisèle Néron a le défaut de sa principale qualité : elle bluffe. Par exemple, elle dit à qui veut l'entendre qu'elle compte trois cents adhérents à jour de cotisation (la cotisation par personne est fixée à 75 euros par an) et que l'association lui rapporte 500 euros par mois. Mais ses présentations de comptes laissent songeur. En 2004, sa comptabilité fait état de l'achat d'un ordinateur et d'une imprimante pour un montant de 1 230 euros et, en 2005, la réparation de matériel et l'achat d'une imprimante lui auraient, de nouveau, coûté 1 246 euros. En 2007, le panier informatique a, semble-t-il, accusé une forte baisse, l'achat de l'imprimante étant ramené à 100 euros et la réparation de matériel à 158 euros, sinon que l'achat de cartouches d'encre a explosé, avec les 1 282 euros qu'il a coûté. Mais, au fond, qu'importent ces arguties, Gisèle Néron n'est pas une adepte du détail, son combat est ailleurs.

« Mme Néron a son utilité, estime un conseiller de la Chancellerie, que Dominique Perben, alors garde des Sceaux, avait envoyé à sa rencontre. Elle peut faire avancer des dossiers – je l'ai vue à l'œuvre lorsque j'étais procureur –, mais elle peut aussi être manipulée. » De son côté, elle assure ne poursuivre qu'un seul but, qu'elle crie par-dessus les toits : « Faire en sorte que les notaires ne soient pas contrôlés par leurs pairs ! »

Vouloir à tout prix se faire entendre a parfois conduit Gisèle Néron sur des chemins de traverse : la tentation de la politique en est un. Lors de l'élection présidentielle de 1995, tandis que le combat fait rage à droite entre Édouard Balladur et Jacques Chirac, l'entourage de Charles Pasqua, alors inamovible ministre de l'Intérieur, prend langue avec Gisèle Néron et lui propose un pacte alléchant : « on » rend plausible sa candidature à la présidence de la République, moyennant quoi elle doit appeler à voter Balladur le moment venu, c'est-à-dire au second tour. Le candidat, lui assure-t-on – mais c'est elle qui raconte –, est bien décidé, une fois élu, à la soutenir. Il n'en faut pas plus pour que Gisèle Néron se lance ! Elle se voit déjà en campagne, convaincue qu'elle obtiendra grâce à l'entourage de Charles Pasqua les cinq cents parrainages d'élus nécessaires. Plusieurs portraits d'elle paraissent dans les journaux. À la date fatidique, elle ne pourra pourtant présenter au Conseil constitutionnel que deux signatures d'élus. Elle n'en conçoit toutefois aucune amertume ; l'aventure lui inspire un plutôt philosophe « C'était amusant ». Ce parcours avorté mais d'un nouveau genre a un peu épaissi son carnet d'adresses, voilà tout : elle a fait la connaissance de personnalités de premier plan, Roger Hanin, Danielle Mitterrand ou encore René Monory.

L'épisode ne vaccine pas pour autant Gisèle Néron : elle va derechef se brûler les ailes dans la politique. En 2001, alors que la joute électorale s'annonce serrée entre le président sortant Jacques Chirac et son Premier ministre de cohabitation depuis 1997, Lionel Jospin, la maison d'Ars-en-Ré qu'a achetée celui-ci fait la une de l'actualité. Gisèle Néron dénonce haut et fort un fait : la provenance des fonds déboursés par le couple Jospin n'est pas stipulée sur l'acte de vente, ce qui sous-entend aisément qu'une partie serait payée de façon non officielle. À l'issue d'une procédure en diffamation, la justice lui donne tort. Elle a donc perdu. Là encore, elle dit ne rien regretter de son geste. Mais cette défaite médiatique l'a incitée à plus de prudence. « C'est vrai, je n'attaque plus tous azimuts ! Mais nous gagnons tout de même trois combats sur dix ! C'est très bon. »

Dans sa guerre contre les notaires, Gisèle Néron a, au moins, remporté deux victoires. D'abord les professionnels mis en cause ne jouent plus les intouchables avec elle. « Beaucoup d'entre eux préfèrent transiger quand ils voient que nous nous penchons sur leurs dossiers. Si cela peut contribuer à améliorer le métier, que demander de plus ! » Un succès personnel ensuite : « Petite, je voulais faire du théâtre. J'aimais être sur scène. J'ai même joué *Le Père Goriot* dans la salle paroissiale de mon village. Mais mes parents m'ont empêchée de poursuivre dans cette voie. Aujourd'hui, avec l'association, d'une certaine manière je tiens le premier rôle. »

Alain Findling et Gisèle Néron ont un trait en commun : le don d'agacer le notariat.

Le 27 avril 2005, Marc Schmitt, président de la chambre des notaires de la Moselle, adresse au dit Alain Findling un courrier censé se débarrasser de lui. On peut y lire : « L'ampleur de la liste de nouvelles pièces réclamée m'amène immanquablement à m'interroger sur le caractère sérieux ou frivole de votre démarche. » « Frivole ? » Visiblement, Marc Schmitt ne sait pas à qui il a affaire ! Le notaire ne mesure pas l'opiniâtreté dont est capable Alain Findling, convaincu d'être un héritier spolié.

La réponse ci-dessus faisait allusion, entre autres pièces essentielles, à la déclaration définitive à l'administration fiscale de la succession de M. Max Findling, à des parties d'inventaires, à des actes notariés, et ainsi de suite. Du même correspondant émanent, entre le 21 mars 2005 et le 21 novembre 2006, vingt-huit lettres recommandées avec accusé de réception, soit, en tenant compte de la trêve estivale d'août 2005, plus d'une lettre par mois. Le combat de cet artiste qui, ne sachant pas même en 1990 ce qu'était un acte notarié, est devenu entre-temps spécialiste du droit est l'histoire d'une passion dévorante.

Pour complaire à son père, Alain Findling, après son bac, s'inscrit en faculté de droit à Strasbourg. Il ne s'adapte pas au cursus et s'oriente bientôt vers une activité d'art et de culture, non sans succès du reste, puisque voilà des années qu'on le voit présenter quelques-uns des meilleurs orchestres et chœurs internationaux, souvent assortis des plus grands solistes, un Yehudi Menuhin, un Maurice André, une Anne-Sophie Mutter... Il a également travaillé avec Jon Hendricks ou Helen Merrill, en passionné de jazz qu'il est, et organisé des expositions de peinture. Il ne se doute pas en quittant les bancs de la faculté que la matière juridique va jouer un rôle si important dans son existence. Aujourd'hui, l'artiste – il est pianiste à ses heures perdues – se dresse contre une partie de sa famille qui, aidée par des avocats et surtout des notaires, aurait selon lui réalisé de nombreux transferts de propriété et contribué à mettre à l'abri des fonds importants. Entre autres, il dénonce la disparition de la belle collection de lampes et de vases Gallé de son oncle Max, décédé en 1989.

Le bras de fer familial ne s'est véritablement engagé qu'après la mort de sa grand-mère, Ève Findling-Rosenfeld, en 1996. Quinze ans plus tard, Alain Findling est parvenu à bousculer des institutions. Impossible ici – un livre n'y suffirait pas – d'énumérer toutes les démarches qu'il a entreprises, d'évoquer toutes les portes auxquelles il est allé frapper. Avec fierté, il sort ses « titres de noblesse » : saisines de la Chancellerie par plusieurs personnalités politiques, saisine des instances européennes du notariat – une grande première –, mais aussi innombrables courriers à des parlementaires et à des avocats. Sans oublier les sommations interpellatives rédigées par huissier et adressées aux notaires qui se succèdent sur ce dossier. Rien n'arrête Alain Findling. Dans les derniers jours d'octobre 2009, il a envoyé aux élus de tous bords un rapport de vingt-six pages, tirant ses propres conclusions sur la situation du notariat français. Dans le cours de 2010, il projette de lancer de nouvelles offensives « médiatico-juridiques qui feront du bruit ».

Son combat ne se résume pas facilement, tant il a découvert au fil du temps d'éléments troublants. Convaincu que certains membres de sa famille l'ont dépossédé avec la bienveillante complicité de notaires, il étale sur la grande table de sa salle à manger des « bordereaux de pièces et d'explications », tendant à prouver le « recel successoral » dont il s'estime principalement victime. Il aligne ses dossiers, qui ont pour titres : « Comportement des notaires relatifs à la disparition d'œuvres d'art », « Manquement à l'obligation d'impartialité ainsi qu'au devoir de conseil », « Traitements de problèmes fiscaux étonnants de la part de notaires », « Problèmes de refus d'officier des notaires désignés par le tribunal pour des partages judiciaires » ou encore « Problèmes de communication par les notaires de pièces en rapport avec des successions ». Chacun de ces bordereaux est constitué de dizaines de pièces qu'Alain Findling a obtenues auprès d'instances de toute nature : testaments, actes notariés, décomptes, correspondances, jusqu'à des plans cadastraux de locaux commerciaux contestés.

La documentation impressionnante d'Alain Findling comprend elle aussi des éléments très divers. On y trouve un reçu de « reprise » d'objets d'art invendus, rédigé par l'hôtel des ventes Blandan de Nancy. En date du 8 avril 1992, la salle des ventes témoigne d'une reprise de ces invendus, inventoriés par Me Leuck, notaire. Le 20 décembre 2005, la même commissaire-priseur confirme par écrit à Alain Findling « que Me Leuck avait bien récupéré tous les invendus après la vente des objets appartenant à [son] oncle ». Me Leuck n'est plus là pour nier qu'il avait effectivement récupéré ces objets et expliquer ce qu'il en avait alors fait : le 15 août 2000, il décédait d'une hémorragie cérébrale causée par un accident de la circulation dans le 13e arrondissement de Paris.

Parmi les centaines de pièces accumulées figure un courrier d'avocat en date du 30 décembre 2008. Il y est confirmé à Alain Findling qu'un autre notaire, « Me F., [l']a abordé avec une telle violence – à la limite de l'affrontement physique –, [lui] reprochant d'avoir saisi la chambre européenne des notaires à Bruxelles et la chambre départementale des notaires, que [le signataire a] cru qu'il en venait à des voies de fait ». D'autres éléments encore ont été précieusement conservés : des actes notariés de donation authentifiés malgré le grand âge de sa grand-mère, et une pièce que notre homme soupçonne d'être un faux en écriture en date du 8 octobre 1990, à savoir une phrase précisant le montant d'une cession de parts au sein d'une société civile immobilière au profit d'une tante et au détriment de la grand-mère d'Alain Findling. Le document a été avalisé par les notaires. À l'œil nu pourtant, on peut constater que l'interlignage de la machine à écrire n'est pas le même que celui des paragraphes précédents et suivants. Ce passage a-t-il été ajouté après coup ? Ève Findling-Rosenfeld, âgée de quatre-vingt-neuf ans, était-elle au courant de ce qu'elle signait ? Cette ligne a-t-elle été écrite ensuite sans qu'elle en soit avertie et informée ? Nul, jamais, ne le saura.

Le cheveu rare, les yeux malicieux, les lunettes sur le bout du nez, la voix douce et les mains sans cesse en mouvement, Alain Findling s'enflamme dès qu'il parle de l'« affaire ». Pour lui, tout a commencé à la mort de son oncle Max. Plus précisément quelques semaines plus tard, lorsque sa sœur et lui découvrent la disparition d'une certaine quantité d'œuvres d'art dont une gouache de Clavé, peintre catalan réputé (1913-2005). Si Alain Findling confesse avoir été « naïf » pendant longtemps, cette période est bien révolue. « De plus, on peut déplorer, ajoute-t-il, une situation confuse à propos de deux lots d'œuvres d'art qui sont sous la responsabilité de la SCP L.-R. en charge des successions Findling depuis novembre 1990. Interrogés depuis 1999 sur la destinée de ces lots, les notaires ne répondent qu'en 2008, pour expliquer qu'un des lots a disparu et présenter l'autre de manière nébuleuse et incomplète. » Que sont devenus ces lots d'objets d'art ? Qui les détient aujourd'hui ?

Quelques victoires donnent un certain crédit aux affirmations et aux imposants dossiers d'Alain Findling. En 1994, la justice a ordonné le partage judiciaire entre les différents héritiers. Mais à ce jour, ce partage reste, concrètement, lettre morte, les notaires nommés n'ayant toujours pas officié. Depuis 1996, Alain Findling a commencé à percevoir son dû sur les parts de société appartenant aux indivisions, mais des sommes restent bloquées, exactement comme le partage judiciaire.

Ce garçon, qui vit dans un étonnant hôtel particulier du XVIIIe siècle de quelque quatre cents mètres carrés ayant appartenu, ironie du sort, à un notaire, est déterminé. Il n'a pas hésité à dépenser beaucoup d'argent – près de 200 000 euros ont été engloutis dans la mêlée – pour trouver le bon conseil, passant d'avocat en avocat et sollicitant notaire après notaire pour éplucher les pièces du dossier. Si, d'après lui, tous les officiers ministériels consultés sont tombés à peu près d'accord pour relever mainte irrégularité dans les actes et documents examinés, aucun ne s'est pleinement engagé dans la bataille à ses côtés.

Alain Findling est en guerre. Pour être plus précis, à l'écouter parler, il est en « résistance ». Cet homme, un Juif qui professe une grande admiration pour la France libre, n'hésite pas à mettre en parallèle son propre combat pour la justice et le respect du droit et celui que menèrent autrefois les farouches opposants à l'aigle nazi de la Deuxième Guerre mondiale, « toutes proportions gardées », corrige-t-il, bien conscient de forcer le trait. S'il se mobilise de la sorte pour le long cours, il l'avoue, c'est qu'il souhaite obtenir sa part de l'héritage d'abord de son oncle, puis de sa grand-mère, dont une partie substantielle lui aurait été dérobée. « Cette succession s'élevait à plusieurs millions d'euros, répète-t-il, et une part de cette somme me revient. » Alain Findling rêve d'être enfin vainqueur. Dans un an, trois mois, deux jours, demain peut-être ! Car, il en est sûr, le droit est avec lui. Et s'il en était autrement, comment pourrait-il se pardonner d'avoir tout sacrifié à ce combat ? « Cette histoire a endommagé ma vie. J'ai perdu de vue ma sœur, car elle n'en peut plus. Elle a besoin d'argent et est prête à céder au refus d'officier des notaires pour se contenter d'un partage judiciaire réglementaire. »

Des perspectives sont toutefois tout récemment apparues : MMA, en tant que compagnie d'assurances des notaires, après l'avoir ignoré pendant des années propose des rencontres ; le CSN s'est engagé à étudier le dossier et à recevoir ce plaignant si persévérant. *In fine*, s'il réussit à faire plier ce « colosse aux pieds d'argile qu'est la branche des notaires », dit-il, que fera-t-il de ces fonds ? Il s'arrête, pose son regard pétillant sur cette grande salle à manger, ses dossiers étalés devant lui : il va vivre, achever la rédaction de plusieurs ouvrages, dont un sur les grands violonistes, réaliser certaines productions culturelles ; il va s'offrir des vacances, finir les travaux de rénovation interrompus de sa maison, dont l'histoire semble comme figée.

Un sourire énigmatique aux lèvres, ce quinquagénaire qui ne dévoile pas son année de naissance exacte laisse tomber : « Vous savez, mes parents voulaient me voir devenir avocat, et moi, le droit, ce n'était pas mon fort. Finalement, avec quelques années de retard, j'ai presque exaucé leur souhait ! »

Marie-Christel Hugues, elle, est bien docteur en droit, en droit international même. Voilà une personne de plus qui aura, à sa façon, décidé de consacrer sa carrière au notariat : en se vouant à la défense de ceux qui s'en estiment les victimes. À la différence de Gisèle Néron et d'Alain Findling, elle n'en fait toutefois ni un combat associatif ni une lutte personnelle, mais bien une activité économique. Depuis le début de l'année 2010, Marie-Christel Hugues prodigue des « conseils en technique notariale ». Sur sa carte de visite, le ton est donné : « Un notaire qui constate une faute commise par un autre notaire a l'interdiction de la signaler au client et doit seulement en avertir son confrère », a-t-elle fait imprimer, paraphrasant un article du règlement national des notaires.

Son premier client, Marie-Christel Hugues l'a trouvé en se déclarant à l'Urssaf comme autoentrepreneur : « L'agent qui m'a enregistrée m'a tout de suite raconté qu'il était en guerre avec son notaire depuis plus de dix ans ! » Le deuxième ne s'est pas fait attendre non plus. Après avoir effectué les formalités d'enregistrement, la jeune patronne d'entreprise va faire l'emplette de l'imprimante de bureau qui aidera au démarrage de l'activité... L'homme qui fait la queue devant elle à la caisse se débat depuis dix ans dans une affaire de succession. Pour elle aussi toutefois, tout a commencé par une sombre histoire personnelle.

Marie-Christel Hugues est élevée par ses grands-parents, Louis et Odette, qui suppléent ses parents absents, toujours en goguette. Le grand-père est un commerçant qui travaille dur. « Il était autoritaire, mais juste. Ils m'ont appris le respect des autres et la nécessité de travailler pour avancer par soi-même », résume-t-elle.

Ces valeurs semblent avoir sauté une génération. Selon elle en effet, les parents, André et Chantal, qui est décédée d'une crise cardiaque en mai 2010, ont spolié les aïeuls. Avec, pense-t-elle, la complicité d'un notaire connu dans le sud de la France. Après avoir enduré plus de trois ans de procédure et recouru à cinq avocats, Marie-Christel Hugues a remporté une première victoire. Le 21 septembre 2009, André et Chantal ont été mis en examen pour faux et usage de faux, abus de faiblesse sur personnes vulnérables, violences volontaires et menaces de mort. Le notaire a subi le même sort ; aux deux premiers chefs, identiques, viennent s'adjoindre pour lui abus de confiance et escroquerie au profit d'un tiers.

Marie-Christel Hugues, petite femme d'une rare persévérance, dénonce plusieurs irrégularités dans les actes, comme ne faire parapher qu'une page sur deux sur un acte de vente. Surtout, le bien vendu par Louis et Odette à un très important promoteur immobilier, lequel a depuis bâti et vendu trente-cinq appartements sur les lieux, a été selon elle largement sous-évalué. Enfin, elle s'interroge sur la capacité des deux signataires, respectivement âgés de quatre-vingt-trois et quatre-vingt-deux ans au moment des faits, à comprendre les enjeux qu'on leur soumettait alors. Le produit de leur vente, terrain et maison, Louis et Odette n'en verront d'ailleurs jamais la couleur, en raison, notamment, d'une donation à Chantal, la mère de Marie-Christel. Sans oublier le prêt de 122 000 euros consenti à leur fils et qui s'est révélé être à fonds perdu. Elle baisse le ton avant d'ajouter : « Quand ce couple de personnes âgées est décédé, il ne percevait pour tout revenu que 840 euros de retraite mensuelle. » Ce maelström familial a forgé le caractère de cette dynamique mère de famille.

Le notariat, au bout des quatre ans qu'elle vient de passer sur ce dossier, n'a plus aucun secret pour elle. Ancienne libraire, pratiquant cinq langues étrangères, l'allemand, l'anglais, l'arabe, l'espagnol et le russe, rien ne la destinait à compter, après un petit mois dans sa nouvelle activité, une demi-douzaine de clients. Elle n'en tire qu'une conclusion : c'est la preuve, estime-t-elle, que le marché existe.

8

Le sabir notarial

« Messieurs, bonjour...

— Bonjour, monsieur.

— Vous avais-je fait part, lors de notre dernière entrevue, du codicille susmentionné par votre maman ?

— Non. Pourquoi, il y a quelque chose en plus ?

— C'est-à-dire que, sur ce codicille, n'est-ce pas, la donatrice stipule expressément qu'à partir d'un délai de deux ans après son décès, si les parties héritières utérines ne s'étaient pas manifestées, la somme était acquise par l'État du Texas pour la création d'un orphelinat... Or votre brave maman, dont je salue le geste, nous a quittés, il y a deux ans... et deux jours... En revanche, en ce qui concerne la deuxième acquisition, pas de problème, elle est bien à vous ! Il s'agit d'un joli support discographique enregistré par votre maman, sur lequel vous n'aurez pas à payer de droits de succession. C'est toujours ça de gagné ! J'ajouterai que concernant mes honoraires, frais notariés plus frais d'agence généalogique compris, ça ne s'élève qu'à 13 250 francs, allez, arrondissons à 13 000, on ne va pas chipoter... Vous signez, là.

— Excusez-moi, j'ai pas compris, les 13 000 c'est tout ce qu'on touche ?

— Non, ce sont les émoluments compensatoires...

— Excusez-moi, l'héritage, il est où ? Les cent patates ? L'héritage ?

— Je vous ai dit : suivant le codicille susmentionné par votre maman...

— Excusez-moi, vous pourriez vous expliquer clairement puisque je ne comprends pas... Le codicille ?

— Il y a deux jours, l'héritage était encore à vous... et aujourd'hui, il se trouve que l'usufruit de votre quote-part en tiers indivisé...

— Excusez-moi, je ne comprends pas : l'histoire du jus de fruit, là, c'est quoi, ça veut dire quoi ?

— L'usufruit de votre quote-part en tiers indivis...

— Je ne comprends pas. Clairement ?

— Clairement ? Eh bien, disons qu'il n'y a plus d'héritage.

— Non, ce n'est pas possible ! Il y a trois jours, là, vous auriez lu le papier, là, le codicille, enfin le papier de merde...

— Le codicille...

— C'est un papier de merde ! On avait le pognon et aujourd'hui c'est fini, on l'a pas ?

— Étant donné que l'on ne peut subroger au dépositaire circonstancié...

— J'ai dit : clairement !

— Clairement, c'est fini. L'héritage, y a plus. Voilà.

— Non ! Les 13 000 ? On a droit aux 13 000 quand même ?

— Tu vas les appeler, les Américains...

— C'est pas possible...

— Tu vas appeler les États-Unis, tu vas leur dire tranquillement...

— C'est trop tard. Aux *States*, aux États-Unis... il existe un article qui stipule, qui dit, qui raconte...

— Qui raconte quoi ?

— Cela ne va pas vous plaire, c'est en latin... les *tatatum temporis*... »

Cet extrait du film *Les Trois Frères*, des Inconnus, où l'on voit le trio Bourdon-Campan-Légitimus s'emporter face à la complexité du langage de l'officier ministériel, est symptomatique. Les subtilités du vocabulaire des notaires restent souvent inaccessibles aux non-initiés. Pourtant la mauvaise compréhension d'un acte – quand on n'ignore pas carrément son existence – peut avoir des conséquences graves. Pour les clients des notaires, les mots peuvent être porteurs de maux.

Georges Ursot, commerçant aujourd'hui à la retraite, vient d'obtenir gain de cause après plus de vingt années de bataille juridique. La vie de cet homme et de sa famille a basculé le jour où il a signé ce qu'il croyait être un bail commercial. En 1988, Georges Ursot est propriétaire d'un magasin d'électroménager, « d'électricité générale » précise-t-il, à Vitteaux, en Côte-d'Or[1]. Les affaires marchent bien. Très bien, même. Il envisage de louer dans la

1. Entretien avec les auteurs du 11 décembre 2009.

bourgade voisine de Pouilly-en-Auxois une nouvelle boutique, afin de se rapprocher de certains de ses clients. Par l'intermédiaire d'une connaissance, Georges Ursot est orienté vers un lieu déjà aménagé et prêt à l'accueillir. Mais Me Bernard Puignero, le notaire de cette connaissance, qui exerce à Pouilly-en-Auxois, le persuade de s'intéresser à un autre local. Pour Georges Ursot, le marché reste clair : il s'agit bien de louer, et uniquement de louer. Il sait qu'il n'a pas les moyens d'acheter.

Le 10 août 1989, Georges Ursot se rend donc à l'étude de Me Puignero pour signer un bail. Un bail, est-il précisé à la deuxième page de l'acte – qui en compte sept –, « consenti pour une durée de neuf années entières et consécutives [...]. Le loyer a été fixé à la somme de 42 000 francs [6 400 euros] par an, payable mensuellement d'avance, le premier jour de chaque mois ». Georges Ursot n'est pas près d'oublier cette journée-là, qui remonte à une bonne vingtaine d'années : « Je n'ai rien compris ! Il a lu l'acte, si ça s'appelle lire, à cette vitesse... J'aurais dû me méfier, mais bon, il était notaire. Plus tard, je me suis rendu compte qu'il ne m'avait pas envoyé de projet d'acte avant la signature, et qu'après la signature il avait fait des rajouts de sa main. »

Georges Ursot est venu signer un bail. À la sixième page de l'acte, il est d'ailleurs bien question de « locataire » et du « montant du loyer ». Mais voilà, avec toutes les apparences de la légalité, il vient en réalité de parapher l'achat, pour 150 000 francs

(22 850 euros) et 22 482,16 francs (3 427,38 euros) d'acte notarié, d'un fonds de commerce ! Aux pages 4 et 5 de ce document, on peut en effet lire les mots « cédant » et « cessionnaire », « vendeur » et « acquéreur », Me Puignero précisant même sur l'acte – de manière manuscrite – que l'acheteur (involontaire) a un délai de vingt-quatre heures pour régler la somme.

Georges Ursot et son épouse Denise vont devoir attendre l'arrêt de la Cour de cassation du 13 février 2007 pour obtenir gain de cause et être enfin indemnisés, notamment des quelque 50 000 euros qu'ils ont engloutis en frais d'avocats : près de dix-huit ans de procédure en somme, puisque leur première assignation, qui les fait comparaître devant le tribunal de commerce de Dijon, date du 14 septembre 1989. Juste dix ans plus tard, le 14 décembre 1999, épuisés par les méandres et les lenteurs de la justice, ils déposent une plainte auprès de la Cour européenne des droits de l'homme.

Rongés par « l'angoisse d'ouvrir la boîte aux lettres et d'y trouver de mauvaises nouvelles jour après jour », passant « des nuits qui n'ont plus de nuit que le nom », les Ursot vont, en plus du sommeil et de la paix de l'esprit, continuer à perdre gros au cours de ces années-là : leur réputation, une partie de leur clientèle de Vitteaux, leur magasin enfin, qu'ils sont contraints par les événements à vendre aux enchères en 1997. Par chance, cette vente forcée survient presque un an après le départ en retraite de Georges

Ursot. Leur maison, elle, n'échappe que de justesse au même sort en raison de la donation qu'ils font à leur fille – devant un autre notaire : « Il était au courant de cette affaire, mais n'a pas freiné nos démarches. » Georges Ursot, reconnaissant, en est encore soulagé.

Mystère de la justice – et étrangeté du calendrier –, dès le 15 octobre 1993, la Chancellerie accepte la démission de Me Bernard Puignero. Quatre ans avant la vente aux enchères du magasin du couple Ursot ! Mais il faudra attendre le 6 mars 2003 pour que la responsabilité professionnelle du notaire soit finalement reconnue. En résumé, Georges Ursot voulait prendre un bail de neuf ans et il s'est donc retrouvé, contre son gré, propriétaire d'un fonds de commerce. Bien entendu, on ne peut incriminer en l'espèce la seule phraséologie notariale. Si la position de docte adoptée par le notaire joue son rôle, on n'aura garde d'oublier un ingrédient important dans le ratage de maint dossier : la candeur et, à l'occasion, la légèreté du client.

Il n'en demeure pas moins que le langage des actes notariés est indéniablement complexe. Même les plus aguerris peuvent s'y perdre. Tel fonctionnaire au ministère de l'Économie et des Finances enrage encore à l'évocation des 6 000 euros qu'il a dû débourser en sus pour racheter un terrain, une somme qu'il était certain d'avoir déjà payée lors de sa première acquisition immobilière.

Liliane Bettencourt en personne, femme d'affaires, richissime héritière de l'Oréal, n'est pas rompue au dialecte des notaires.

Au fil des enregistrements sauvages réalisés par son majordome[1], on découvre qu'elle n'a pas saisi toute la portée du terme « légataire universel ». Dans cet échange avec son gestionnaire de fortune, Patrice de Maistre, elle s'interroge sur la place à donner à François-Marie Banier, son protégé, sur son testament.

Liliane Bettencourt : Il préfère quoi ?

Philippe de Maistre : Ne plus apparaître.

LB : Comme quoi ?

PdM : Comme légataire.

LB : Obligataire ?

PdM : Non légataire, vous savez, l'acte qu'on a signé...

LB : On peut peut-être l'annuler ? Il ne veut pas être dans la succession...

PdM : Voilà.

LB : Mais est-ce qu'il est dans la succession ?

PdM : Oui, vous l'y avez mis...

Un peu plus loin, elle revient encore sur le dossier. Elle approfondit...

LB : Vous avez le testament ?

PdM : Oui. Je ne l'ai pas là, mais je...

LB : J'avais laissé à François-Marie combien ? Quelle proportion ?

1. *Le Point*, 17 juin 2010.

PdM : Légataire universel.
LB : C'est-à-dire ?
PdM : Il baisse la voix : tout.
LB : Ah ! non...
PdM : Eh si, c'est vous qui me l'avez dit...

« Le langage n'est pas compliqué, il est spécifique », avancent les professionnels, s'abritant derrière l'indispensable technicité d'un acte. « Il est plus efficace d'employer un mot très technique et extrêmement précis que de recourir à d'aventureuses périphrases », renchérit l'un d'entre eux. De plus, ce jargon présente selon ses usagers un avantage majeur : compréhensible par tous les notaires, de tout temps, il permet aux actes de franchir les années sans perdre en exactitude.

Cela n'empêche pas les notaires eux-mêmes d'avoir bien conscience du peu de transparence de leur mode d'expression. Ils estiment correctement remplir l'obligation de traduire ce langage ésotérique, inaccessible au commun des mortels, lorsqu'ils en font l'exégèse au fil de la lecture d'un acte. Certains craignent pourtant que ce fastidieux décryptage ne serve pas à grand-chose : « On ne voit personne prendre de notes lors de la lecture de l'acte et de son explication, fait observer un praticien quelque peu dépité. Quand les clients auront quitté l'étude, il y a gros à parier que la majeure partie de ce que nous leur avons dit sera entré par une oreille et ressorti par l'autre. » Dans le métier, les professeurs, réputés pour leurs questions sans fin, sont la bête noire. Une jeune femme clerc ayant travaillé en études tant parisiennes que régionales les décrit ainsi : « Ils veulent tout comprendre, et ils attendent des réponses tranchées. Ils nous noient sous les questions. Car le vocabulaire est aussi un enjeu de pouvoir. Il crée une sorte de distance entre l'homme de loi, à qui il confère une certaine autorité, et son client. »

Néanmoins, la profession a récemment pris conscience de la nécessité de s'atteler à clarifier son jargon. Travailler ce dernier, qui de plus donne une image surannée du notariat, semble une priorité, si l'on en croit le rapport déjà remis en 2004 par Jean-Marie Celer au Mouvement du jeune notariat (MJN), instance réputée moins conservatrice que le CSN : « La technicité du langage, peut-on y lire, est un point important, générant une demande unanime d'explications. » Henri Bosvieux, autre membre du MJN, fait à peu près le même constat et milite pour une simplification de la rédaction de l'acte authentique. « Le consumérisme fait fi de l'ésotérisme, prévient-il lors du congrès de 2003. L'indispensable modernisation de l'acte notarié passe par une critique textuelle radicale. Le notariat y est condamné [...]. Ce ne sera pas chose aisée, insiste-t-il, car la simplicité exige bien du talent. »

En 2010, le CSN vient tout juste de prendre en main le dossier « langage » : à l'avenir, une fiche récapitulative, en français courant, pourrait être jointe à l'ensemble des actes. Cette fiche résumerait en une phrase chaque point-clé du document en renvoyant aux paragraphes visés. Les associations de consommateurs pourraient être invitées à plancher sur la question.

En attendant, voici un bref lexique, non exhaustif. Il passe en revue les termes, classés par ordre alphabétique, les plus couramment utilisés dans les actes notariés, ou les plus traditionnels.

« *Ab intestat* » : cette expression latine signifie qu'il n'y a pas de testament. Elle est donc bien plus fréquemment utilisée que l'on ne le croit. Les biens du défunt sont alors répartis entre les héritiers suivant les règles légales.

« Acte en brevet » : acte authentique non conservé par le notaire et dont l'original est remis à l'intéressé. Ce peut être le cas, par exemple, pour un acte de propriété (à condition que ce ne soit pas celui qui fait ce jour-là l'objet de la vente !).

« Action en retranchement » : action ouverte aux enfants d'un premier lit contre leur beau-père ou belle-mère qui bénéficie d'un avantage matrimonial portant atteinte à ce qu'ils considèrent comme leur réserve héréditaire (c'est-à-dire ce qui doit leur revenir de droit). *A priori*, le point de départ d'un long conflit de famille.

« Action paulienne » (dite aussi « révocatoire ») : se dit lorsque le créancier attaque en justice un acte fait par son débiteur ayant agi « en fraude de ses droits » (il a organisé son insolvabilité ou a réduit la valeur de son patrimoine, par exemple). Le créancier peut alors faire réintégrer au patrimoine de son débiteur l'ensemble des biens substitués.

« Apostille » : toute modification, addition ou annotation portée en marge d'un acte et faisant corps avec lui. Ce mot concerne surtout les actes un peu anciens. C'est également le nom donné à des documents émanant d'une autorité française et destinés à être produits à l'étranger, ou de documents publics étrangers, produits en France.

« Avancement d'hoirie » : donation faite en avance sur ce que l'on doit recevoir dans une succession.

« Bail à ferme » : bail ayant pour objet un fonds rural, conclu pour une période de neuf ans, et renouvelable. En la circonstance, le locataire est appelé le « fermier ».

« Biens fongibles » : biens interchangeables avec d'autres, sans incidence sur le patrimoine de ceux qui les détiennent.

« Bouquet » : partie payée comptant dans une vente en viager.

« Choses consomptibles » : choses qui se consomment par leur usage, autrement dit dont l'utilisation provoque la destruction.

« Choses frugifères » : de façon tout à fait conforme à l'étymologie (« porter des fruits »), choses qui « font des petits ».

« Clause d'habitation bourgeoise » : clause d'un règlement de copropriété qui ne permet l'utilisation des locaux privatifs que pour l'habitation de leurs occupants. Les locaux peuvent être utilisés pour l'exercice d'une activité professionnelle libérale, sauf si la clause est « exclusivement bourgeoise ».

« Clerc de notaire » : la personne à laquelle les clients des études notariales ont souvent d'abord affaire. Le plus fréquemment, le clerc prépare l'acte et le notaire n'intervient qu'en deuxième instance, le clerc étant moins diplômé que lui. La conjoncture a pour effet au sein des études que l'effectif des clercs, textuellement des « employés », tend à diminuer au profit des notaires stagiaires et assistants. En 2009, les syndicats de notaires estiment que quelque quatre mille clercs se sont retrouvés au chômage.

« Codicille » : acte qui modifie, précise ou annule un précédent testament, comme le rappelle spirituellement l'extrait de film rapporté au début du présent chapitre.

« Collatéraux » : parents d'une personne qui ne sont pas dans la ligne directe de succession : frères et sœurs, oncles et tantes, cousins, cousines.

« Colloquer » : déterminer l'ordre des créanciers. À noter que ceux d'entre eux qui bénéficient de privilèges ou de sûreté réels (comme les hypothèques, par exemple) sont prioritaires.

« Commodat » : contrat qui consiste à livrer à quelqu'un d'autre un objet quelconque, à charge pour le preneur de le rendre après usage (d'où son nom, également, de « prêt à usage »).

« Débours » : sommes acquittées par le notaire pour le client, destinées à rémunérer les divers intervenants (conservateur des hypothèques, géomètre, diagnostiqueur, etc.) afin d'obtenir pièces et documents nécessaires à la rédaction de l'acte authentique.

Bien entendu, au bout du compte, ces frais ne sont pas à la charge du notaire, mais bien du client.

« *De cujus* » : deux premiers mots d'une expression latine signifiant « celui dont on débat [lors d'une succession] ». Expression en usage pour désigner le défunt ou futur défunt.

« Droits de mutation » : sommes (encore dénommées « droits d'enregistrement ») exigées par l'administration fiscale lors de la transmission du bien d'un patrimoine à un autre, que ce soit à titre gratuit (« donation », entraînant un impôt proportionnel) ou à titre onéreux. À ces droits il y a lieu d'ajouter le salaire du conservateur des hypothèques et les émoluments du notaire.

« Emphytéotique » : se dit d'un bail à longue durée, entre dix-huit et quatre-vingt-dix-neuf ans.

« Exhérédation » : action de déshériter ses successeurs.

« Extranéité » : situation qui met en jeu plusieurs droits nationaux, soit que les « acteurs » aient des nationalités différentes, soit qu'ils vivent dans un autre pays, soit enfin que les biens soient situés dans un autre pays.

« Fente successorale » : technique consistant, en l'absence d'héritiers directs, à diviser les biens du défunt en deux parts égales destinées à chacun des deux héritiers les plus proches, respectivement dans la branche maternelle et dans la branche paternelle.

« Forclusion » : perte d'un droit qui n'a pas été exercé en temps utile.

« Indignité » : sanction qui frappe celui qui a attenté à la vie du défunt, qui l'a calomnié ou qui, connaissant son meurtrier, ne l'a pas dénoncé. Celui-ci est déclaré indigne d'hériter et donc exclu de la succession.

« Instrumenter » : établir un acte authentique et obtenir la signature des différents contractants.

« Libéralité » : transfert d'une personne à une autre d'un droit ou d'un bien faisant partie de son patrimoine. Réalisée du vivant du donateur, la libéralité prend le nom de « donation », et de « legs » s'il est décédé.

« Licitation » : autre dénomination de « vente aux enchères » d'un bien appartenant à plusieurs propriétaires ou cohéritiers.

« Meubles meublants » : l'expression désigne tout simplement les meubles (à l'exclusion de certaines catégories relevant des collections d'art, etc.).

« Ordre » : groupe de parents qui peuvent prétendre à la succession d'une personne. On classe les personnes du premier au quatrième ordre, des plus proches aux plus éloignées.

« Paiement au marc l'euro » (à l'origine « au marc le franc ») : distribution proportionnelle consistant à répartir une somme au prorata des droits de chacun des intéressés.

« Paiement au prix de la course » : en cas de désaccord dans un partage successoral, le premier des héritiers qui s'inscrit auprès du notaire pour l'acquisition de tel ou tel lot est l'acquéreur de ce lot.

« Préciput » : avant un partage, certaines personnes peuvent avoir le droit de recueillir une somme d'argent ou un bien précis : c'est le « préciput ». Ce droit peut être conféré par donation, mais aussi au conjoint par contrat de mariage.

« Quotité disponible » : partie du patrimoine qu'une personne peut transmettre librement (par donation ou testament) sans mettre en cause les droits des héritiers réservataires.

« Récompense » : somme due au sein d'un couple par l'un des deux conjoints lorsque ses biens propres ont servi à augmenter la masse commune.

« Répertoire » : registre que doit légalement tenir chaque office notarial et dans lequel on trouve par ordre chronologique tous les actes établis.

« Saisine » : droit, pour certains héritiers, d'entrer tout de suite en possession de leur héritage... sous réserve d'en acquitter les charges, bien évidemment !

« Soulte » : somme d'argent qui doit être payée par celui qui, à l'occasion du partage d'une indivision, reçoit un lot d'une valeur plus élevée que celle à laquelle ses droits lui permettent de prétendre. En langage plus clair, on pourrait parler ici d'une « compensation ».

« Synallagmatique » : se dit d'un contrat qui oblige chaque partie vis-à-vis de l'autre et de manière réciproque. C'est le cas, par exemple, des compromis de vente.

« Tontine » : pacte par lequel plusieurs personnes acquièrent un bien en commun. L'entière propriété revient au dernier survivant.

9

Savoir acheter

C'est Me Jean-Paul Decorps, ancien président du CSN, qui fait observer : « Quand un client s'en va en me disant : “Au revoir, docteur”, je sais que j'ai bien fait mon travail. » Bien plus qu'un conseil juridique, en effet, les clients viennent chercher dans les études, en particulier au moment d'effectuer un achat immobilier, un interlocuteur qui les rassure. « Nous sommes comme des assistantes sociales, ou des infirmières, mais sans blouse blanche ! » affirme un notaire du nord de Paris. Pour les particuliers, l'acquisition d'un bien n'est pas un acte ordinaire, c'est souvent le tournant d'une vie. Pour le notaire aussi c'est un moment qui compte : l'immobilier (ventes, construction, baux) représente 46 % de son activité. Visite guidée dans les coulisses des ventes.

Depuis longtemps, agences immobilières et notaires travaillent ensemble. Bien que les notaires puissent légalement jouer les agents, tous n'en profitent pas. Dans les grandes villes, cette activité de négociation immobilière est rare – à Paris, une cinquantaine d'études se sont organisées pour proposer des biens en réseau. Même si elle ne représente que 4 % du chiffre d'affaires de la profession, la négociation est toutefois vitale pour l'économie des études dans certaines régions comme la Bretagne ou le Nord-Pas-de-Calais.

Dans tous les cas, c'est le vivier d'agences immobilières où elle baigne qui va garantir à l'étude une clientèle. Afin de consolider cette relation et l'inscrire dans la durée, on échange de petits cadeaux : il n'est pas rare de voir des agences immobilières inviter « leurs » notaires, en couple, à des croisières ou à des dîners VIP dans des restaurants étoilés, et, de leur côté, les notaires se faire un devoir d'adresser leurs vœux à leurs « fidèles correspondants », certains accompagnant d'un grand cru leurs souhaits de bonne année.

Si cette proximité étonne, elle se justifie commercialement. Les notaires n'ayant pas le droit de recourir à la publicité, il leur faut assurer leur propre communication pour se faire connaître. Tout est bon, de la carte de visite glissée dans une boîte de chocolats qu'on laisse au négociateur en faisant la tournée des agences voisines – au besoin à scooter pour ne pas perdre de temps, comme vous le raconteront certains témoins durablement marqués par cette performance – à la conférence sur le droit immobilier donnée devant des négociateurs, à titre gracieux – avec l'espoir tout de même qu'il y aura un renvoi d'ascenseur.

Cela dit, les deux professions sont loin de se ménager : elles ont même la dent dure l'une envers l'autre. « Les notaires, infaillibles ? » ironise cet agent immobilier, riche d'une expérience de plus de vingt ans en région parisienne, et qui doit, à l'en croire, revoir régulièrement la copie notariale avec ses collaborateurs. Mais « lorsqu'on a ses habitudes avec le même notaire, on le trouve compétent, c'est-à-dire précis et rapide ». Des correspondants occasionnels, au contraire, lui ont valu des déconvenues : d'une étude de banlieue, il lui est arrivé de recevoir un acte de vente rédigé sans qu'ait été vérifié que les parties communes d'un immeuble, récupérées (et vendues) par le cédant, correspondaient bien à un acte de propriété. Une autre fois lui est parvenu un projet de lotissement pour une propriété divisée et vendue en quatre lots, alors que chaque parcelle disposait de son accès privé...

Crise oblige, l'osmose entre les deux branches amène de nombreux clercs, sur les quatre mille que 2009 a jetés sur le pavé, à chercher du travail en agence. Les clercs d'ailleurs ne sont pas les seuls : on trouve parmi les postulants des notaires stagiaires, des notaires assistants, et l'on cite même le cas d'un notaire titulaire ayant exercé en province !

Néanmoins, notaires et agents immobiliers ont une philosophie différente de la relation qu'ils doivent établir avec le client. Les premiers se targuent d'une spécificité : « Nous procédons aux vérifications que les agents immobiliers ne font pas... trop pressés qu'ils sont parfois d'empocher la commission. »

Naviguer au mieux entre les deux corporations demeure un apprentissage nécessaire.

Il faut d'abord savoir que ce n'est pas parce que vous connaissez bien votre notaire, qu'il a recueilli vos signatures lors de votre contrat de mariage et qu'il vous a lu le testament de votre cher grand-père, qu'il doit vous conseiller sur le prix du bien que vous entendez acheter. Il peut le faire, certes, mais il faut le lui demander. Si vous l'interrogez, il interrogera à son tour l'une ou l'autre des nombreuses bases de données à sa disposition lui permettant de connaître avec précision le montant des dernières transactions comparables. Comment ? Les notaires doivent remplir à chaque transaction enregistrée la date, la localisation, la surface et le montant de celle-ci. Cet enregistrement est, bien évidemment, parfaitement anonyme. Les deux principaux fichiers qui recueillent ces données sont la Base immobilière d'expertise notariale (BIEN) et le Marché immobilier notarial (MIN). De l'avis de tous les professionnels, et de l'avis même du gouvernement qui voudrait y accéder gratuitement afin d'affiner sa politique du logement, la base BIEN est la plus fiable. Certaines agences immobilières y ont également accès moyennant l'achat d'un mot de passe strictement personnel.

Votre notaire peut donc vous dire si vous achetez au bon prix, mais il n'interviendra pas, sauf si celui-ci lui paraît étrangement bas ou élevé, partant du principe qu'il n'y a pas à revenir sur la négociation entre les parties, une fois menée à son terme. Il arrive en contrepartie que des officiers manquent à certaines de leurs obligations et ferment les yeux sur la « vente lésionnaire », dénoncée par le Code civil, portant sur un bien ayant accusé une plus-value excessive de 2,4 fois le prix d'achat dans les deux ans. La justice soupçonne alors une collusion entre acheteur et vendeur, un dessous-de-table, bref, quelque irrégularité frauduleuse...

La Cour des comptes, rédigeant son rapport de 2009[1] sur la fort célèbre et très respectée Société protectrice des animaux, a précisément pointé une impressionnante série de ventes lésionnaires auxquelles le notaire qui les avait réalisées n'avait rien trouvé à redire. Les hauts magistrats se sont penchés à deux reprises (de 1993 à 1999, puis de 2003 à 2007) sur la comptabilité de l'association, s'attardant plus particulièrement sur la gestion des legs, manne représentant 80 % des ressources collectées. « De l'étude des ventes, fait observer le rapport, il ressort que, pour 2005, 7,87 % des ventes ont été faites au profit de dix-sept SCI, toutes domiciliées à la même adresse parisienne, pour un montant total de 5 480 000 euros, soit 31 % de la valeur des quatre-vingt-neuf biens vendus cette année-là. » Autant de chiffres qui ont retenu l'attention des sages. « Pour 2006, ajoute le même rapport, 40 % des ventes ont été faites au profit de sociétés que dirige Gilles B., pour un montant total de 1 097 791,19 euros, soit 19 % de la valeur totale

1. Document du 6 février 2009 intitulé « Réponses apportées par la SPA au relevé d'observations provisoires de la Cour des comptes ».

des trente-trois ventes. Pour 2007, 2 883 346,18 euros ont été versés par les SCI en question, soit près de 17,5 % du montant total des ventes. Les SCI ont bénéficié de onze transactions sur les quatre-vingt-une de cette année. » Traduction de cet étonnement administratif : un seul et même investisseur agissant sous le couvert de dix-sept SCI domiciliées à la même adresse a acquis quantité de biens de la SPA. Pour quel usage ? La Cour des comptes lève un coin du voile : « Ce contrôle a notamment fait apparaître que les biens acquis par les SCI en cause étaient immédiatement revendus après acquisition avec des plus-values immédiates de 73 à 289 %. » On a bien lu ! De deux choses l'une : soit la SPA a bradé les biens, soit ceux-ci ont été surévalués à la vente... La Cour des comptes ajoute un détail : « Un même notaire parisien intervient sur chaque transaction comme le notaire des SCI en cause. »

Par ailleurs, une représentation tenace a cours dans le public : on doit, pour acquérir un bien immobilier, rendre deux visites au notaire, la première pour signer la promesse de vente et déposer en garantie 10 % du prix d'acquisition, la seconde, trois mois plus tard, pour la signature de l'acte. C'est vrai et faux à la fois. Le dépôt de garantie n'est pas obligatoire. Il est entré dans les usages, mais rien (sauf la volonté du vendeur) ne contraint l'acheteur à déposer une provision qui corresponde exactement à 10 % du prix d'acquisition. Ici, il y a lieu de distinguer entre « compromis de vente » et « promesse de vente ».

La promesse unilatérale n'engage que le vendeur ; son coût minimal, qui découle de son enregistrement aux services fiscaux, se monte à 150 euros. Selon sa rédaction, il peut arriver que l'indemnité d'immobilisation – les fameux 10 % de provision – devienne obligatoire. C'est à juger au cas par cas.

Le compromis, dont l'enregistrement aux services fiscaux n'est pas obligatoire, peut être gratuit. Il engage les deux parties de façon réciproque, peut être accompagné d'un dépôt de garantie de 2 à 10 % du montant du bien. La plupart des études parisiennes oublient d'apporter cette précision à leurs clients, si bien que 80 % des actes signés dans la capitale seraient aujourd'hui des promesses de vente et non des compromis de vente. Le compromis offre pourtant lui aussi des garanties en cas de désistement de l'une ou l'autre des parties : si le vendeur ou l'acheteur se rétracte, le compromis de vente garantit à la personne lésée 10 % du prix d'acquisition. En principe, quand il y a deux notaires sur le dossier, c'est à celui de l'acquéreur de préparer et rédiger l'acte de vente, étant entendu que l'intervention de deux notaires ou plus ne multiplie pas les frais, qui sont alors simplement divisés entre les officiers ministériels en présence.

Le compromis peut être succinct. On y trouve l'accord, signé des deux parties, avec la désignation du bien et son prix, sans oublier les conditions essentielles de la transaction. En revanche, dans l'acte définitif, on trouve de nombreux autres éléments, notamment les diagnostics réalisés par des experts. Il y a là l'« étude des risques naturels et technologiques » (ERNT) obligatoire depuis la catastrophe d'AZF à Toulouse en 2001, le relevé du géomètre-expert pour garantir la surface achetée (dite loi Carrez pour les appartements), les éventuelles présences d'amiante ou de termites, etc. Il y a aussi l'historique de propriété, le dossier d'urbanisme et le montant de la transaction avec, éventuellement, la précision d'un paiement comptant ou différé. En revanche, l'« origine des deniers », c'est-à-dire la provenance des fonds, n'est pas obligatoirement spécifiée. À la signature de l'acte, le notaire doit avoir l'avis du conservateur des hypothèques. Un bien hypothéqué n'est pas vendable. Une fois le compromis signé, s'ouvre le « délai de rétractation ». Vendeur et acquéreur ont sept jours pour changer d'avis sans dommages ni pénalités. Passé cette période, la machine notariale est lancée. Parmi les conditions suspensives de vente, la plus fréquemment utilisée reste l'obtention du prêt bancaire par l'acheteur.

Pour les dossiers simples, n'entraînant pas de complication administrative, on n'a pas besoin de trois mois pour le second rendez-vous chez le notaire. Un clerc constate que ce délai, pour Paris, est calculé bien large : « Pour les ventes *intra-muros*, il est possible d'obtenir tous les documents nécessaires à la vente en trois semaines, un mois... C'est plus long dès lors qu'il s'agit de la province. » En réalité, cette durée posée comme une règle s'explique par le droit de préemption des mairies. Purger ce droit, c'est-à-dire s'assurer que la mairie ne va pas le faire jouer, peut prendre deux mois. À ces deux mois, qui suivent la semaine de rétractation, viennent s'ajouter les trois ou quatre jours nécessaires pour que les banques débloquent les fonds nécessaires à l'achat.

Mais que deviennent les fonds de garantie ou « indemnités d'immobilisation » éventuellement déposés par l'acquéreur au moment de la signature du compromis ou de la promesse de vente ? On croit souvent qu'ils sont séquestrés. Erreur : la procédure existe bel et bien, mais ne s'applique pas à cette situation banale. Les études disposent obligatoirement d'un compte auprès de la Caisse des dépôts et consignations (CDC). Si ce compte reste inactif pendant trois mois consécutifs, les sommes doivent être consignées, rapportant alors une rémunération de 1 % au client. Alors que les sommes simplement déposées sur le compte CDC de l'étude notariale rapportent, elles, 1 % mais à... l'étude elle-même. Précisons ici que toutes les études ont leur propre compte à la CDC et qu'elles en ouvrent des spécifiques pour chaque opération et transaction au nom de leurs clients. Ajoutons que les inspections annuelles des notaires insistent souvent sur le devenir des fonds déposés. Pourquoi ? Peut-être parce que les notaires « oublient » non moins fréquemment de consigner, puis de verser aux clients les dividendes ainsi réalisés. Force est de reconnaître que peu de gens vérifient si l'argent placé a fait des petits. En y incluant les fonds des successions, qui, eux, peuvent être immobilisés pendant de longs mois, on y trouverait une part du bénéfice se montant, pour certaines études, à 3 ou 4 %.

Du côté du vendeur, maintenant, un débours parfois l'étonne : devoir régler à l'acheteur, le jour de la signature de l'acte définitif, les frais engagés auprès du syndic de copropriété. Depuis 1965, tous les notaires appliquent cette règle. Forts de l'« état daté du syndic », ils demandent à celui qui a voté les éventuels travaux ou qui demeure débiteur de la copropriété, d'honorer ses engagements. Inutile, donc, de vendre avant le ravalement s'il est voté ! À moins de le tourner en argument, et de rassurer l'acheteur, qui n'aura pas à payer cet accroissement temporaire des charges. Autre « dette » allant dans le même sens : la clôture du compte de copropriété. Certains contrats de syndic, plus gourmands que l'on aurait pu le penser, portent une clause, discrètement logée dans un alinéa, stipulant qu'en cas de vente est due une somme allant de 100 à 500 euros. Si le vendeur, montant sur ses grands chevaux, ne veut pas en entendre parler, le notaire n'aura plus qu'à la saisir avant de la reverser au syndic. Cette prérogative, qui peut donner lieu, comme d'autres de même nature, à contestation, est actuellement dans le collimateur des parlementaires, notamment de l'Assemblée nationale, soucieux d'assainir le mode de financement des syndics de copropriété.

Nous sommes au terme du parcours du combattant : la vente est signée. Vous donnez votre chèque, de banque le plus souvent, au notaire. Si jamais une petite « rallonge » non officielle a été négociée en amont entre les deux parties, c'est le moment où d'ordinaire elle change de main. Plus rare qu'autrefois, l'usage de recourir partiellement à des espèces s'est maintenu. Sur le papier, le raisonnement est simple : moins le coût d'acquisition du bien est élevé, moins le sera la note fiscale. De plus, le vendeur, grâce à l'évasion fiscale que lui procure cette part en liquidités, peut être ouvert à une négociation du prix global d'achat. Pour finir, les frais d'agence sont passibles des mêmes errements, qui les allègent d'autant. Il fut un temps où, avant Tracfin, cette pratique illégale était, semble-t-il, très répandue. Les notaires avaient même une phrase rituelle pour signifier que l'heure du dessous-de-table avait sonné : « Je vous laisse seuls dix minutes, j'ai quelques photocopies à faire. » Interrompant la séance de signature de l'acte définitif, le notaire – c'est un retraité de la profession qui le raconte – sortait alors de son bureau, « le temps que le vendeur et l'acheteur règlent leur affaire, mais pas sous mes yeux ».

Avant que tout le monde se sépare, le vendeur laisse les clés à l'acheteur. L'original de l'acte, lui, doit être enregistré par la conservation des hypothèques, puis il restera en théorie cent ans dans les archives de l'étude notariale avant de passer aux archives départementales. En parallèle, une copie de l'acte suit pendant plusieurs semaines le « chemin fiscal ». Ce n'est qu'au terme de cette période que vous recevrez, à votre domicile, votre adresse désormais, l'acte de propriété. Il arrive que ces quelques semaines se transforment en quelques mois... le temps pour l'étude de « solder le dossier », c'est-à-dire de clore les comptes de cette transaction. Mais cela, c'est une autre histoire.

10

Le maquis des frais de notaire

Il est des idées reçues qui ont la vie dure. Celle-ci, par exemple : les services des notaires, officiers de ministère public nommés par le garde des Sceaux, coûtent cher. Les apparences le confirment : 8 % de la valeur d'un bien qui partent dans ces fameux « frais de notaire » lors d'une acquisition immobilière, ce n'est pas rien. Mais ces frais portent mal leur nom : l'État en empoche 70 % sous la forme d'un impôt, laissant les 30 % restants à l'étude. Voyons-en le détail.

Un ménage de province a économisé de quoi permettre à leur fils, brillant sujet, d'achever son cursus de droit dans la capitale. Les parents décident donc d'acheter une ancienne chambre de bonne dans les combles d'un immeuble parisien. Par l'intermédiaire d'un ami, ce qui économise les frais d'agence, ils en dénichent une dans un immeuble de plus de cinq ans, proposée à 100 000 euros. Forts de leur pécule, ils ne recourront pas à l'emprunt (cas certes rare, mais qui simplifie la démonstration). Pour cette acquisition, ils ont à débourser au total 107 900 euros, TVA comprise, qui se décomposent comme suit.

D'abord, il leur faut s'acquitter des émoluments dus à l'officier ministériel pour la rédaction de l'acte authentique, lequel sécurise la vente. Cette rémunération est tarifée (nous y reviendrons dans la deuxième partie). Le terme d'« émolument » recouvre très exactement le prix, fixé par l'État, auquel se monnaie tel ou tel service de ces juristes. En trente-deux ans, cette grille tarifaire a été actualisée onze fois. Les ventes immobilières, spécifiquement, ont toutefois un régime d'exception qui les rend si attrayantes pour les notaires : la rémunération qu'ils en tirent est fonction de la valeur du bien. Les officiers ministériels n'ont pas intérêt à multiplier les petites ventes qui rapportent peu à la fois, mais à se concentrer sur les grosses qui, en contrepartie de la rédaction d'actes identiques, assurent des rentrées bien plus substantielles. On ne trouvera aucune étude spécialisée dans la cession des parkings ou des studios ; c'en est même au point que lorsqu'un client appelle pour effectuer une vente « modeste », au dire d'un clerc travaillant dans une grande étude parisienne, on tarde à se manifester, espérant qu'il se tournera vers une autre étude...

L'affaire de notre couple de province rapportera en émoluments à l'étude 1 904 euros, dont environ 750 euros de frais en copie et formalités effectuées à l'office. Pour d'autres actes, les émoluments sont fixes. Ils sont calculés sur la base de l'unité de valeur

(UV), dont le montant est fixé par décret. Une donation entre époux, pendant le mariage, coûte par exemple trente UV, c'est-à-dire 109,50 euros HT. Un pacs, initial ou modificatif, représente, lui, cinquante UV, soit 182,50 euros HT ; un état de compte de syndic pour l'achat d'un appartement 54,75 euros HT ; un diagnostic technique, notamment sur la présence éventuelle de termites ou d'amiante, 14,60 euros HT.

En théorie, la ligne de conduite est donc très claire : il suffit de suivre le tarif. Les émoluments comprennent les conseils que doit dispenser le notaire autour de l'acte qu'il réalise. « Il est interdit aux notaires de percevoir aucune somme en dehors de celles qui sont prévues au présent tarif, sous peine de restitution de la somme indûment perçue et éventuellement de sanctions disciplinaires » : les textes sont explicites. Les « gratifications », même spontanées, des clients sont formellement interdites ; néanmoins il peut arriver exceptionnellement qu'elles soient acceptées. Cécile, satisfaite de la prestation du notaire qui lui avait permis l'achat, à un prix qu'elle jugeait bas par rapport au marché, de l'appartement qu'elle louait jusque-là, a versé à l'officier ministériel qui s'était chargé de l'affaire une enveloppe de 3 000 euros en liquide. L'homme l'y avait d'ailleurs encouragée, mais en laissant la jeune femme en apprécier librement le montant. Cécile espère bien ne pas avoir investi en vain cette somme rondelette : elle projette, à terme, de s'agrandir en achetant le studio voisin, une négociation qu'elle compte confier au même officier ministériel, qui n'en sera, espère-t-elle, que plus sensible encore à sa cause. À l'évidence, le notaire a, là, potentiellement perdu une partie de sa neutralité.

Toutefois, les émoluments sont ce qu'ils sont, on ne badine pas avec ce principe. La facture du notaire n'est négociable que dans des cas fort rares, par exemple lorsque le montant qui lui est dû dépasse 80 000 euros (on a alors affaire à une vente frôlant les 10 millions d'euros) : « Pour ce type de vente, raconte un notaire de l'Est parisien, croyez-moi, les clients négocient. Ils nous appellent les uns après les autres pour savoir quelle remise nous sommes prêts à accorder. Ils font, en quelque sorte, du "notaire-shopping". » Ou encore, cas d'école, un notaire peut décider d'abandonner la totalité de ses émoluments, par exemple en cadeau à l'un de ses collaborateurs « primo-accédants », ou à un membre de la famille d'un confrère... en attendant la pareille.

Le jour de la vente, en plus des émoluments, les acheteurs devront s'acquitter des « débours », soit tous les frais qui ne sont pas facturés dans le cadre du tarif. Comme le précise un notaire à la retraite, « c'est une définition assez vague qui laisse une certaine marge de manœuvre ». C'est pour cette raison que les débours sont examinés à la loupe lors des contrôles. Tout est bon pour être classé dans les débours. La chambre des notaires de Paris évoque des frais pour « pièces administratives, syndic de copropriété, géomètre-expert... ». Le montant de cette facture, pour les parents de notre étudiant, s'élève à 400 euros. D'autres documents internes à la profession incluent, eux, au titre des débours, « les voyages [comprendre : les éventuels déplacements du notaire dans le cadre de cette transaction], les frais d'agent de change, les frais d'imprimeur, ou encore les frais de recherche », sans oublier le fourre-tout des « frais annexes ». Le caissier d'une étude donne à entendre que son patron, grand notaire parisien, glisserait parfois dans les débours ses propres notes de restaurant, façon détournée de se rembourser sur son client du repas qu'il a éventuellement prétendu lui offrir !

Malgré tout, les sommes les plus importantes facturées le jour d'un achat immobilier restent les impôts que l'État perçoit sur toutes les transactions immobilières. Le notaire ne joue ici que le rôle de collecteur. Cette fonction explique partiellement la place particulière et le statut hors norme de cette profession. Pour les parents de notre étudiant à l'avenir prometteur, la facture n'est pas mince : 5 090 euros.

Dans le total dû au titre de l'achat immobilier, on aura soin de ne pas oublier un autre impôt, plus léger, mais tout aussi inéluctable : le « salaire » du conservateur des hypothèques. Ce fonctionnaire est le directeur des services chargés de vérifier si le bien acheté n'est pas hypothéqué, et donc invendable. Pour cette vérification, notre couple de référence paiera 100 euros. L'addition peut grimper lorsqu'un acte est refusé – parfois pour un simple tiret qui manque ou qui est de trop – par le service, entraînant ce que dans le jargon on appelle des « frais de rejet ». L'informatisation a raréfié cette facturation, qui peut encore atteindre 400 euros, voire 500 euros par acte.

Au bas de la facture notariale peut encore figurer la ligne « honoraires ». Avec ces derniers, il n'en va pas comme avec les émoluments : ils sont tout à fait libres. Le notaire peut facturer ses prestations pour la préparation et la rédaction de tous les actes qui débordent le cadre de ses activités tarifées, pour une étude ou un conseil spécifique. Dans le cas de la création d'une SCI (société civile immobilière) par exemple, le notaire facture ce que le jargon nomme un « article 4[1] ». De même, il prend des honoraires pour la vente d'un fonds de commerce ou pour une consultation juridique. Le secret de la bonne santé financière de certaines études notariales vient de cet espace de liberté.

Néanmoins, les textes le précisent expressément, « dans tous les cas le client doit être préalablement averti par écrit du caractère onéreux de la prestation de services et du montant estimé ou du mode de calcul de la rémunération à prévoir ». De sorte que tout litige surgissant entre un notaire et son client à propos des honoraires est en principe porté devant le juge, seul habilité à trancher le différend. En principe seulement : pour un client, saisir le tribunal n'a rien

1. Voir chapitre 6, p. 79.

d'évident. Souvent, une simple lettre de récrimination à la chambre départementale des notaires peut suffire à débloquer la situation. Georges, habitant de Saint-Marcel (Saône-et-Loire), obtient gain de cause auprès du conseil régional six mois après son premier courrier de réclamation : il reçoit alors un premier chèque signé de son notaire d'un montant de 313 euros, relatif aux honoraires qu'il conteste. Nous sommes en mars 2007. Comme il s'estime insuffisamment dédommagé, il insiste auprès du conseil régional. Un deuxième chèque lui parvient le mois suivant !

Inutile de dire que la corporation ne se retrouve pas comme un seul homme derrière ce jeune notaire qui fulmine : « Les honoraires ne devraient pas exister, c'est une dérive du métier. Nous ne sommes pas des avocats d'affaires, spécialistes des OPA, des fusions-acquisitions ou du crédit-bail ! » Certains professionnels estiment que l'article 4 ne devrait pas dépasser 20 % du chiffre d'affaires. Mais dans le cas de quelques grosses études, essentiellement parisiennes, qui concurrencent les plus grands cabinets d'avocats, les honoraires peuvent largement franchir ce seuil symbolique. Faisant preuve d'un réalisme sans fard, un autre notaire donne le fin mot de l'affaire : « Nous avons un énorme avantage sur les avocats : nous connaissons avec précision le patrimoine de nos clients. » Les notaires ont beau être des officiers ministériels, ils n'en exercent pas moins une activité de commerçants du droit.

Un des problèmes cruciaux que posent les revenus des études notariales est celui qu'ont à affronter les offices qui sont aux mains d'associés, quand il s'agit du partage. Une situation qui peut être particulièrement dramatique, nous allons le voir, quand elle est mal gérée.

11

Guerre fratricide

L'affiche ne manque pas de brio. Deux avocats connus, Me Gérard Chemla – qui a plaidé dans l'« affaire des disparus de Mourmelon » – et Me Guy-Charles Humbert – que l'on a entendu dans l'« affaire de l'hormone de croissance » – se retrouvent face à face. Ces deux figures du barreau sont mêlées à la guerre sans merci que se livrent quatre notaires associés de Soissons.

L'origine des difficultés remonte pour eux au début de l'année 2004. À l'époque, le rapport que produit la chambre départementale à la suite de son inspection rituelle attire l'attention sur une de leurs pratiques : le solde des dossiers n'est pas toujours reversé aux clients. En clair, l'étude a conservé des reliquats financiers au lieu de les restituer – la dérive, avons-nous déjà noté, est fréquente. L'inspection tape du poing sur la table, mais sans prendre de sanction. L'un des quatre associés, Cédric[1], qui exerce à une

1. L'instruction de ce dossier étant toujours en cours lors de la rédaction de cet ouvrage, nous avons changé les prénoms par respect de la présomption d'innocence.

vingtaine de kilomètres du siège, à Vic-sur-Aisne, dans l'annexe de l'étude, propose ses services et se plonge dans les comptes de sa propre société. Faisant preuve de rigueur ou d'excès de zèle – cela dépend des points de vue –, ce notaire va de découverte en découverte. Très rapidement, il quitte ainsi le rôle de conseil de l'étude face aux problèmes soulevés par l'inspection pour endosser celui de garde-fou contre des agissements irresponsables, comme se plaît à le présenter son avocat, Guy-Charles Humbert.

Sur quelles anomalies Cédric aurait-il en effet braqué le projecteur ? Eh bien, par exemple, l'étude finance, à hauteur de dizaines de milliers d'euros, les déplacements d'un des associés, entre autres à Rio de Janeiro ou à Hong Kong, au prétexte qu'il va y suivre des congrès internationaux d'information. Lorsque l'affaire commence à s'ébruiter, l'intéressé décide de rembourser une partie de ces frais, le tiers précisément, correspondant aux déplacements effectués en couple. Cédric s'ouvre également à ses associés de l'attitude, qu'il juge « désinvolte », de l'expert-comptable. Il leur reproche aussi de faire toujours appel au même expert, en l'occurrence le fils de l'un des associés, pour les estimations de biens immobiliers : il s'agit d'une « sous-traitance familiale » unique qu'il se met à contester, en dépit de sa qualité d'associé de longue date, au nom des textes.

À partir de 2006, les choses s'enveniment gravement. Les trois associés et le « chevalier blanc », pour reprendre le sobriquet dont l'affublent ses détracteurs, se battent froid, ne tiennent pas l'assemblée générale de 2007, ce qui ne va pas sans gêner le fonctionnement de l'étude et de son annexe, tiennent de nouveau les deux assemblées suivantes en 2009, mais en présence de Me Chemla et dans une ambiance qui tourne à la tragi-comédie. Retenons la scène où Cédric énonce solennellement, porte ouverte sur le couloir de l'étude, dans un discours qui s'étale sur douze pages, les raisons qui l'empêchent désormais de travailler avec ses associés. Le même jour d'avril 2009, des éléments comptables auraient mystérieusement disparu du serveur informatique de l'étude. L'assemblée qui suit est plus apaisée en raison de la présence d'un huissier de justice qui officie caméra au poing. Pendant ce temps, les rumeurs vont bon train dans Soissons et Vic-sur-Aisne. Ce sont ces dernières qui « apprennent » un beau jour à l'intéressé que Cédric a été victime d'un accident vasculaire cérébral !

Entre les deux locaux de l'étude, la guerre fait rage. Les trente-sept salariés se retrouvent pris entre le marteau et l'enclume, leurs conditions de travail se dégradent fortement et passent de l'« harmonie » qui régnait avant 2006, selon le terme qui revient dans la bouche de certains d'entre eux, à la « discrimination ». La médecine du travail, puis l'inspection du travail s'intéressent à l'annexe de Cédric à Vic-sur-Aisne. Lors de sa première visite, le médecin contrôleur ne dépose pas de commentaires écrits ; il se contente d'un laconique « Je n'ai constaté aucun dysfonctionnement ». En revanche, l'inspecteur du travail rédige sept pages de rapport à la fin de 2009, qui accusent de « harcèlement » non pas Cédric, mais ses trois associés ! Autre illustration de cette ambiance délétère : Isabelle, une assistante de Cédric à Vic-sur-Aisne, démissionne de son poste... pour être réembauchée quelques jours plus tard par le site de Soissons.

Pendant ces événements, qu'en est-il du chiffre d'affaires de l'office, si l'on entend par là les deux sites ? Si surprenant que cela paraisse, s'il se tasse, il ne diminue pas réellement : de 2 434 188 euros en 2006, il passe à 2 622 772 euros en 2007, puis à 2 677 406 euros en 2008 ; quant aux bénéfices, ils affichent une belle progression (respectivement 402 962 euros, 577 380 euros, puis 628 919 euros). Pour le trio soissonnais, ces résultats ne sont pas dus à Cédric, bien moins « rentable » qu'eux à les en croire ; au contraire, l'étude de Soissons « porte », disent-ils, celle de Vic-sur-Aisne : celle-ci ne peut-elle pas se targuer de deux déficits successifs, 65 765 euros en 2006 et encore 4 763 euros en 2007 ? Dans le même temps cependant, Cédric réalise un chiffre d'affaires en constante évolution, passant de 273 351 euros en 2005 à 403 267 euros en 2008.

En janvier 2008, Cédric est invité dans le sérail : le président de la chambre départementale des notaires le convoque seul ; face à lui, il trouve un aréopage d'une douzaine de notaires. L'objectif de cette réunion est de trouver un arrangement ou de travailler à une médiation, afin d'éviter que cette affaire ne tourne au vinaigre et ne vienne jeter l'opprobre sur l'ensemble de la compagnie. L'objectif n'est pas atteint. Ce jour-là, pour la première fois, l'avocat Guy-Charles Humbert, qui est présent, évoque la possibilité d'un dépôt de plainte pour « abus de confiance, escroquerie et détournement d'honoraires ». *In fine*, on verra d'ailleurs Cédric se constituer partie civile à l'encontre de ses trois associés aux chefs d'« abus de confiance, escroquerie et harcèlement moral ». En juillet 2010, aucun des protagonistes de cette affaire n'a été entendu et aucun n'a été mis en examen.

Entre ses trois associés et Cédric, l'ambiance devient explosive. L'un des trois « Soissonnais » a un fils clerc de notaire dans une étude parisienne, qu'il aimerait voir prendre sa succession ; il le fait donc venir à Soissons, mais sans avoir obtenu l'accord de tous ses partenaires, puisque le dialogue est rompu avec Cédric. Embauché comme simple clerc, Adrien n'est donc pas habilité à signer des actes authentiques, ce qu'il va néanmoins faire. Cédric en compte vingt-trois – un seul, rétorquent les trois associés –, dont certains seront, ensuite, paraphés après coup par Éric, notaire salarié de l'étude. Si ces faits délictueux – à savoir signature d'acte authentique sans en avoir la qualification d'une part, couverture de ce délit par un officier public, de l'autre – sont avérés, ces actes n'ont aucune valeur. Il s'agirait bien de faux en écriture authentiques. Cédric n'hésite plus et dépose sa première plainte. Il veut se démarquer, plus que jamais, des errements coupables de ses associés, selon son avocat. « En réalité, cette stratégie ne vise qu'à prendre le contrôle complet de l'étude ! » argumente de son côté Gérard Chemla, l'avocat de ces derniers.

Cette première plainte ne va pas loin. Le procureur de la République estime que les faits que Cédric dénonce sont prescrits. Il conseille plutôt une médiation entre les parties et classe cette affaire sans suite. Bien décidé à ne pas en rester là, Cédric saisit le doyen des juges d'instruction. L'affaire prend un tour pénal. Le juge en charge du dossier diligente des commissions rogatoires, pendant que Cédric, lui, poursuit ses dépôts de plaintes. Il accuse, notamment, Éric de « complicité » pour avoir couvert de son autorité les actes répréhensibles du jeune clerc, lequel a depuis démissionné de l'étude de Soissons.

Mais la chambre départementale des notaires ne suit pas Cédric. Au contraire, elle emboîte le pas à Gérard Chemla, qui ne mâche pas ses mots, raillant les « plaintes tous azimuts » de Cédric. Aux yeux de cette première instance disciplinaire notariale, la chose est entendue : elle a affaire à un procédurier, qui abuse des envois de fax à toutes les instances judiciaires de France. Fermez le ban ? Pas tout à fait...

Le clan des « Soissonnais » parvient à évacuer Cédric de la cogérance de l'office le 4 mai 2009. Au passage, les quatre salariés de l'annexe de Vic-sur-Aisne n'apprennent officiellement cette décision par courrier avec accusé de réception à leur domicile que deux jours plus tard. Quant à Cédric, il cesse de toucher par exemple ses avances sur bénéfices (son unique rémunération) depuis juin 2009. L'argument pour se débarrasser de celui qui est devenu l'ennemi juré, le trio le trouve dans l'utilisation prétendue du compte de l'étude pour régler une partie des honoraires de son avocat en 2008 et en 2009. Lequel avocat, Me Humbert, ne nie pas, mais justifie ce geste par la défense des « intérêts sociaux » de la société civile professionnelle malmenée par cette mésentente.

Le constat d'une « mésentente » est d'ailleurs le seul point sur lequel s'accordent les deux parties. Même si les deux camps n'en tirent pas les mêmes conclusions. Pour Me Chemla et ses trois clients, elle conduit de façon inexorable l'office notarial de Soissons et son annexe de Vic-sur-Aisne à la faillite. C'est pourquoi il demande au tribunal de grande instance de Soissons de dissoudre cette étude. Cédric bloque en effet toutes les décisions qui doivent être prises à l'unanimité des quatre associés. La guerre d'usure ronge jusqu'à la confiance des clients les plus fidèles. Mais le 21 janvier 2010, la justice rejette cette analyse. Tout du moins en première instance.

À l'inverse, le tribunal de grande instance suit Cédric et condamne même, symboliquement, la partie adverse à lui verser 1 500 euros. La justice va encore plus loin en estimant qu'« il n'est pas établi qu'une éventuelle réintégration [de Cédric] dans ses fonctions de gérant par le tribunal aurait pour conséquence de paralyser » l'étude notariale. Pour Cédric et son avocat, cette phrase est un encouragement à ne pas lâcher prise. Présentant son client comme le pot de terre se battant contre le pot de fer, Me Humbert utilise la seule arme dont il dispose : les plaintes.

L'avocat et son client en auraient, au moment où ces lignes sont rédigées, déposé une douzaine visant plusieurs personnes, aux chefs divers et variés : abus de confiance, faux en écriture ou encore harcèlement. Outre Éric, ils attaquent l'expert-comptable pour complicité. Ils vont même *crescendo*, décidant de frapper fort en dénonçant aussi une demi-douzaine de notaires de la chambre départementale. Ils estiment que ces notables du notariat local veulent taire les malversations que pointe Cédric. Ces responsables, pourtant au-dessus de tout soupçon, veulent couvrir, accusent-ils, les trois notaires aux pratiques qu'ils fustigent.

À la suite d'une lettre des trois associés à cette autre instance disciplinaire, Cédric est convoqué, seul. Mais l'interpellé refuse de se rendre à cette convocation s'il n'a pas connaissance de la lettre censée l'accuser. Le président de la chambre régionale se fâche, menace de « mesures conservatoires ». Le ton monte encore d'un cran : Cédric et son avocat rétorquent aussitôt par une plainte à l'égard de ce président, pour « prise illégale d'intérêts ». À n'en pas douter, un haut fait de guerre procédurière ! Parallèlement, la justice ordinaire multiplie, elle aussi, les convocations. Le procureur, joint, se refuse à tout commentaire sur une instruction en cours.

Le 29 janvier 2010, à l'heure où tous les notaires de France se retrouvent au Zénith à Paris pour les états généraux du notariat, Cédric, lui, est invité à se rendre avec son conseil chez le procureur général d'Amiens. À l'ordre du jour, les multiples plaintes déposées par le tandem. Estimant n'avoir pas été entendu par le magistrat, Cédric et son avocat Me Humbert voudraient que le dossier soit délocalisé, ce qui peut laisser espérer un traitement plus apaisé. De la même manière, ils entendent aussi demander une nouvelle inspection de l'étude notariale mais, cette fois-ci, par des notaires n'exerçant pas dans la région, pour plus de « neutralité », disent-ils. Ce dossier est sans doute loin d'être refermé. Son instruction risque d'être longue. À moins que l'étude ne sombre avant...

II

LA MACHINE DE GUERRE

12

Entrer en notariat

Longtemps, il a projeté d'entrer au séminaire, mais finalement il est devenu notaire, et l'un des plus connus de France. « Ce n'est d'ailleurs pas si différent, séminariste et notaire », explique Alain Lambert, l'unique représentant du notariat élu au Sénat. Car on entre en notariat un peu comme on rejoint une Église. « Je me souviens de mon stage comme d'une période de noviciat », raconte encore celui qui reste l'un des plus anciens influents présidents du Conseil supérieur du notariat, l'instance suprême des officiers publics et ministériels que sont les notaires. Ex-ministre du Budget, figure de la droite centriste au palais du Luxembourg, le sénateur de l'Orne est un homme fin, toujours affable et souriant, qui exerce de son bureau privilégié un prosélytisme certain en faveur de sa famille professionnelle.

Comme tous les présidents du CSN, il a été « appelé », au sens propre comme au sens figuré. En effet, pour parvenir à la tête du notariat, il n'y a pas d'élection à proprement parler, contrairement à ce qui se passe dans la plupart des syndicats professionnels.

On ne fait pas campagne non plus – ce n'est pas formellement interdit par les textes, mais ce serait très mal vu : il n'est pas nécessaire de décliner devant ses pairs son programme. Non, on est bel et bien appelé... « Le président, qui est bien avisé, consulte les membres du bureau et les anciens présidents pour savoir si son candidat est bien perçu », explique Bernard Reynis, avant-dernier président sortant du CSN. L'ancien dirigeant de la grande famille du notariat ne livre là qu'une parcelle de la vérité.

En réalité, le pouvoir est concentré entre les mains des anciens : les anciens présidents du Conseil supérieur encore en exercice, ainsi que les anciens présidents de la puissante chambre de Paris, forment un conseil informel, secret mais omnipotent. Beaucoup de notaires ignorent même tout de ce fonctionnement si particulier. Pourtant, ces quelques « sages » font la pluie et le beau temps dans la profession : ils adoubent les présidentiables ; c'est également vers eux que se tourne le président en exercice lorsqu'il doit prendre une décision importante.

Parmi ces règles intangibles, qui ne figurent dans aucun texte, il est entendu qu'un président sur trois doit être issu de la chambre de Paris (qui couvre presque toute l'Île-de-France), alors que les deux suivants seront des provinciaux. Le président en exercice et le conseil informel des sages se mettent d'accord sur une liste de noms, tandis que de son côté la chambre de Paris choisit son candidat. Si bien que les noms des présidents (dont le mandat dure deux ans) pour de nombreuses années à venir sont connus de cette poignée de hauts dirigeants. Ces dauphins secrètement désignés vont ensuite franchir un par un les passages obligés de la lente ascension vers le pouvoir, en devenant délégué du conseil régional au Conseil supérieur du notariat, puis vice-président du CSN. Benoit Renaud, sélectionné en 2006, arrive en fin de parcours : il succédera à l'automne 2010 à Jean-Pierre Ferret, et sera lui-même suivi par Jean Tarrade.

Pour devenir présidentiable, il existe également une sorte de parcours initiatique, inconnu du grand public. Dans les départements comme dans les régions, les anciens choisissent leurs poulains, à qui ils vont tenter de faire gravir les échelons. L'un des sésames pour parvenir au sommet de la pyramide consiste à réussir la préparation du congrès annuel des notaires. « Parmi les notaires que l'on repère, et à qui l'on confie des responsabilités, révèle Jean-Paul Decorps, l'un des sages, il y a trois sortes de profils : ceux qui ne parviennent pas à remplir leur mission avec succès, ceux qui y parviennent mais qui restent avant tout de bons juristes, et ceux qui développent, en plus de leurs compétences professionnelles, un sens politique. Ce sont ceux-là qui seront appelés à la tête de la profession. » Autre règle d'or : l'élu doit aussi avoir dédié plusieurs années à l'enseignement, ou bien s'être impliqué dans l'assemblée de liaison, autre organe interne qui permet de pénétrer les arcanes du pouvoir.

Jusqu'au bout du processus, rien n'est laissé au hasard. En apparence, les statuts de la profession stipulent que le président doit être élu par l'assemblée générale des délégués régionaux. Il s'agit plus exactement, selon l'expression pudique d'un ancien président, d'« un système de cooptation démocratiquement ratifié ». Après avoir été appelé, le futur président se présente effectivement devant l'assemblée pour le vote... mais il n'a aucun concurrent ! Le suspense est donc limité. La seule question pour le candidat unique est de savoir s'il recueille bien les trente et une voix du bureau (trente-deux moins la sienne, modestie oblige...). « S'il y en a moins, c'est une jacquerie ! » plaisante – à peine – un membre du CSN. Pour la petite histoire, il n'est arrivé qu'une seule fois depuis la fin de la Deuxième Guerre mondiale qu'un frondeur ose poser une candidature dissidente.

Pour assurer la continuité, le dauphin est élu en même temps que le nouveau président. Il travaille à ses côtés pendant deux ans, avant de prendre à son tour les rênes – un président en fonction ne pouvant se représenter. Cette machine savamment pensée laisse peu de place à la compétition ou aux ambitions individuelles... et encore moins au débat public.

Tous les mardis, au siège du CSN, boulevard de La Tour-Maubourg dans le 7e arrondissement de Paris, les membres du Conseil supérieur se réunissent pour un « débat » d'un genre particulier. « Chez nous, on ne "rétorque" jamais à quelqu'un de la maison, raconte avec une certaine autodérision un des participants. Éviter ou contourner le conflit, c'est ce que les notaires font tous les jours. Et si quelqu'un vient à hausser la voix, on lui dit : “Pas de ça, nous ne sommes tout de même pas des avocats !” » Il ajoute : « Sans plaisanter, les notaires ne sont effectivement pas des avocats, ils sont indubitablement bâtis différemment et ne vont pas chercher un débat d'orateurs. Il y a une discipline ! » Fils de militaire, l'un des très rares profanes (non-notaire) aux commandes du CSN, Patrice Tartinville, confie : « J'ai retrouvé ici toutes les particularités de mon milieu d'origine, notamment l'organisation et la discipline. » La différence de nature entre les notaires et les autres praticiens du droit se perçoit « dès les bancs de l'université, souligne d'ailleurs un professeur de droit. Sur les bancs de la fac, je peux très rapidement vous dire qui sera avocat et qui sera notaire ! »

Notaire, c'est aussi une tournure d'esprit. Laurent Dejoie, notaire et ancien président du CSN, analyse ainsi l'« esprit de corps » des siens : « Deux notaires se reconnaissent et se comprennent quand ils se parlent. Qu'ils soient à la tête d'une petite ou d'une grande étude, l'ensemble des notaires savent de leurs concitoyens, toutes classes sociales confondues, ce que les autres ignorent. Dans nos bureaux on voit surgir des comportements que l'on n'adopte nulle part ailleurs : les notaires sont témoins de la jalousie, de la cupidité, des disputes de famille – mais aussi de très beaux gestes... Cette connaissance du fond de l'âme en fait une profession à part. »

Le fonctionnement du notariat apparente les membres de la corporation à ceux d'une Église, d'une loge maçonnique ou même d'une secte, disent ses détracteurs, parce que ses codes internes sont extrêmement puissants et tenus jalousement secrets. Mais si c'est une Église, c'est une Église très sélective sur les membres qui la rejoignent !

Le statut du notariat a soigneusement été pesé et soupesé par ses rédacteurs. Chaque étape de l'accession au titre de notaire fait l'objet d'un contrôle rigoureux de la profession sur ses futurs recrutés. Avant tout, le candidat au rachat d'une étude doit être adoubé par un ancien, un notaire qui vend son étude ou ses parts, le plus souvent à la veille de la retraite. Fait rare pour une transaction, l'acheteur n'est pas considéré et traité comme un client mais comme un candidat, qui s'engage dans une série d'épreuves initiatiques pour décrocher le droit de rejoindre la profession. En effet, c'est le vendeur qui choisit son successeur et qui le présente à la chambre départementale des notaires – procédure baptisée « droit de présentation ». Le candidat est alors mis sur la sellette. Tout est passé au crible : son plan de financement, son dossier professionnel, etc. Il fait même l'objet d'une enquête de moralité ! À l'échelon local, certaines chambres départementales ont une idée bien précise du type de postulant qu'elles sont prêtes à accepter dans leurs rangs. Un veto de leur part est quasiment insurmontable.

Le même processus de contrôle se répète à

l'échelon régional, avant que le dossier remonte au CSN, lequel pourra proposer le candidat notaire à la Chancellerie pour une éventuelle nomination. Parallèlement, une annonce est diffusée à l'ensemble des études, enjoignant aux notaires qui auraient déjà travaillé avec ce candidat à l'installation et auraient rencontré des difficultés avec lui de le signaler. « C'est un devoir que nous imposent les règles de la profession, et il m'est arrivé de bloquer le dossier d'un postulant, raconte Jean-Pierre Clavel, notaire à Orange. L'un des actes qu'il avait rédigés comme salarié d'une étude avait été attaqué par son client. »

Le notariat a également prévu un circuit interne de cautionnement pour les débutants. Ce financement est assuré par la Caisse des dépôts et consignations, le banquier attitré de cette profession hors norme. En apparence, il s'agit d'un mécanisme reposant sur un principe démocratique : permettre aux candidats notaires qui n'ont pas fortune faite d'accéder à l'achat d'une étude. En pratique, il s'agit d'une autre façon de veiller au bon équilibre économique – gage de vertu – des futurs membres de la profession. Même si les notaires sont effectivement nommés par décret du garde des Sceaux, comme ils aiment à le souligner, on voit que c'est bien la profession qui choisit ceux qu'elle accepte dans ses rangs. De la même manière, afin de ne pas multiplier les nouvelles études – et donc les concurrents potentiels –, la commission de localisation des offices distribue au compte-gouttes les autorisations d'ouverture.

La raison de cette sélection drastique est que le notariat veille sur son trésor : un chiffre d'affaires de quelque 7 milliards d'euros par an (6,9 milliards précisément en 2006, 6 milliards en 2007) et un marché de plusieurs centaines de milliards d'euros. Un marché que lui jalousent les autres professions du droit, principalement les avocats. Les notaires le savent bien : leur poule aux œufs d'or, c'est leur monopole sur les actes authentiques et sur les transactions immobilières. Si les notaires bénéficient de revenus particulièrement confortables, c'est parce qu'ils peuvent apposer le sceau de l'État sur les actes qu'ils rédigent, et ainsi leur donner une valeur quasi incontestable. C'est aussi parce qu'ils certifient l'ensemble des ventes immobilières que les notaires sont – en France – incontournables. Sans ce monopole, le notariat d'aujourd'hui ne serait plus. Or, nous le verrons, ce monopole est régulièrement menacé.

Il faut donc montrer patte blanche pour entrer en notariat. Le premier stage est un moment décisif de la carrière d'un futur membre de la communauté notariale. Le jeune diplômé doit alors intégrer les valeurs de la maison commune, surtout la première d'entre elles : la solidarité professionnelle. Cette solidarité exceptionnelle – qui n'est pas sans évoquer la loi de l'omerta – est l'une des clés du fonctionnement du notariat. Elle est d'ailleurs codifiée dans les textes. Le règlement national des notaires – approuvé par arrêté du garde des Sceaux – impose noir sur blanc la règle du silence : « Si un notaire a connaissance d'une erreur ou d'une faute commise par un confrère dans l'exercice de sa profession, il doit s'abstenir de faire part de ses critiques au client et en référer immédiatement à son confrère. [...] Le notaire doit aviser le président de chambre de tout acte délictueux ou mettant en péril les intérêts de la profession. » Selon les responsables de celle-ci, cette logique communautaire découle du système d'assurances. « Dans notre métier, on ne peut ignorer ce que fait son voisin pour une raison simple : nous sommes assurés collectivement, solidairement », explique Jean-François Humbert, président sortant de la chambre de Paris. Autrement dit, si un membre est défaillant, tout le monde en fera les frais.

Pour s'assurer de l'esprit communautaire de ses membres, le règlement des notaires précise que la présence aux assemblées générales des chambres départementales est obligatoire. « Le notaire qui ne se rend pas à une convocation doit faire connaître au président de la chambre, avant la date de l'assemblée, le motif de son empêchement. [...] La chambre apprécie la recevabilité des excuses présentées. L'auteur d'excuses non admises est compté absent. Il peut être l'objet de sanctions disciplinaires. »

En réalité, tout au long de sa carrière professionnelle, un notaire est constamment incité à participer aux multiples instances de la corporation : près de 30 % des notaires sont en permanence impliqués dans les différentes structures. Pour canaliser ceux chez qui l'esprit de corps n'a pas entamé le sens critique, il reste un dernier organe : l'assemblée de liaison, instance qui autorise à poser des questions, y compris celles qui dérangent... histoire de laver son linge sale en famille.

13

Le parcours du combattant

« N'adhérez à aucun syndicat, cela ne pourrait que vous pénaliser... » Ce conseil d'un notaire formant de jeunes confrères a le mérite de la franchise. Il éclaire également les futurs diplômés sur les difficultés qui les attendent. Car il est impossible à quiconque, riche de son seul titre, d'apposer sa « Marianne » au-dessus de sa porte et d'ouvrir son étude. Le projet d'introduire le principe de la liberté d'installation, parfois caressé par les libéraux, est toujours resté lettre morte.

Officiellement, il n'existe pas de *numerus clausus* chez les notaires – comme on en trouve un, par exemple, chez les médecins – mais, de fait, les charges se font rares. Concrètement, il y a de plus en plus de notaires qui sont de mieux en mieux formés... sans que les créations d'étude suivent le même rythme. La profession n'accueille de nouveaux membres qu'avec parcimonie. Le Conseil supérieur du notariat fait état, en 2008, de huit cent soixante-dix diplômés, toutes formations confondues. La Caisse de retraite des notaires répertorie de son côté environ trois cents départs à la retraite chaque année. Dans l'hypothèse où tous ces départs en retraite seraient remplacés par un jeune diplômé, il ne resterait que cinq cents et quelques notaires à faire antichambre. Or, dans les faits, ce nombre est bien plus important.

Xavier est notaire. Il a obtenu son diplôme et soutenu son rapport de stage avant l'été. Mais en dépit d'un pécule de plus de 100 000 euros, il n'occupe qu'un poste de notaire assistant dans une étude lyonnaise. S'il patiente quelques années, son « patron », comme il l'appelle, lui cédera – peut-être – des parts dans la société civile professionnelle qu'il dirige. Ce serait déjà mieux que rien ! Xavier serait alors associé aux décisions et surtout aux dividendes. Mais ce n'est pas ce dont il rêvait. En effet, pour lui, comme pour beaucoup de diplômés de sa génération, « l'horizon est bouché ».

Jérôme, lui aussi, est notaire. Il est aujourd'hui associé dans une étude de la région parisienne. Pour arriver à ce statut, « il a fallu bien plus qu'un chèque ! Il est inutile de partir en quête d'une association trop tôt, explique-t-il. Les portes ne s'ouvriront pas. Mieux vaut attendre pour mettre toutes les chances de son côté... » Il a, lui, patienté dix ans.

Il y a plus de dix ans, Armand a à peu près connu les mêmes déboires que Xavier et Jérôme. Il avait alors trente-cinq ans. Il tenait un commerce dans une ville de province et ses affaires tournaient bien. À la tête d'un apport important – 150 000 euros –, il voulait changer le cours de sa vie. Et, nul ne peut l'en blâmer, il voulait augmenter ses revenus. Il s'est fixé un objectif : décrocher son diplôme de notaire et s'associer dans les huit ans à venir. La voix calme, mais le ton vif, il raconte : « Après m'être renseigné sur les études à suivre, je me lance avec une seule idée en tête : m'associer ou être mon propre patron avant huit à dix ans. » Cinq ans plus tard, alors qu'il attaquait les deux années de stage obligatoire, il s'est mis en quête d'une association à moyen terme. Sa recherche a tourné au chemin de croix. Ici, on lui a expliqué qu'une association serait possible, mais à condition d'attendre cinq ans, « peut-être », et après accord de tous les membres de la SCP. Ailleurs, on a regardé son dossier à la loupe, on l'a jaugé, on l'a évalué et on lui a assuré que l'on allait le rappeler... Il attend toujours.

Armand, en profane, s'est heurté à de multiples obstacles que seuls les initiés connaissent. Le premier d'entre eux est le manque de places disponibles. Le deuxième est moins mathématique : le notariat n'ouvre pas ses portes à qui veut. C'est une sorte de « caste ». Pour obtenir des parts dans une étude, et *a fortiori* pour s'installer en individuel, il faut accepter la règle, non écrite, de la cooptation. Les détracteurs de ce système prétendent également qu'appartenir à une loge de francs-maçons facilite l'accession à la titularisation.

Au sein de ce milieu très sélectif, il faut savoir tisser son réseau, donner du temps au temps. Que la majeure partie des jeunes diplômés ronge ainsi son frein présente un avantage incontestable pour les études notariales en activité. Ces notaires stagiaires et assistants remplacent les clercs en voie de disparition dans les offices. Sans compter que les jeunes notaires travaillent pour des salaires faibles au regard de leurs qualifications.

Toutefois, le Conseil supérieur prévoit régulièrement la création de nouveaux offices. Ces ouvertures, réalisées aux frais du notaire qui s'installe, ont lieu dans le département, le canton ou la ville que les estimations de la profession elle-même déclarent en mesure d'accueillir un ou plusieurs officiers publics supplémentaires.

Ces créations ne datent pas d'hier. Elles existent depuis le décret du 19 mai 1964. La mesure avait alors pour objectif de permettre aux notaires revenus d'Algérie à la suite des accords d'Évian de retrouver un ministère. Depuis, en fonction des besoins et des années, un plus ou moins grand nombre d'offices voit le jour. Ainsi, en 2000, deux cent cinquante-neuf ont été créés, mais seulement cent vingt-huit ont été pourvus. Le 24 avril 2009, quarante-neuf offices ont été créés, mais vingt-trois d'entre eux l'avaient été les années précédentes et n'avaient pas trouvé preneurs. Personne ne croit en l'avenir – c'est-à-dire en la rentabilité – d'une étude notariale dans les périphéries de certaines villes, dont les habitants ont un faible pouvoir d'achat.

Pour certains diplômés, la déception peut être sévère. En effet, pour décrocher le droit de s'installer dans une étude nouvellement créée, il faut passer un concours. Ceux arrivés en tête se servent sur la liste, les autres ne trouvent pas forcément chaussure à leur pied ! De plus, le concours est ouvert à tous les notaires. Les nouveaux sont donc en concurrence avec des hommes d'expérience qui veulent décrocher une nouvelle étude afin de revendre la leur...

Autre difficulté pour les jeunes qui veulent s'installer : l'ouverture d'annexes aux études notariales, que le procureur général de la cour d'appel peut, à la demande des titulaires d'office, autoriser par arrêté, en concertation avec les chambres départementales et régionales des notaires. Les annexes sont les bureaux délocalisés d'un office. Leur objectif est d'affiner le maillage du territoire, afin de toucher le plus grand nombre possible de clients. Si le raisonnement paraît logique, il rend néanmoins la création de nouvelles études d'autant plus compliquée. Au 1er juillet 2008, il fallait ajouter mille trois cent quatre annexes aux quatre mille cinq cent trois offices en exercice. Ce système permet surtout aux notaires déjà installés de renforcer leur statut, autrement dit de conserver leur position dominante, en déléguant dans une ou plusieurs annexes des notaires salariés ou associés qui travaillent avec eux.

Pour l'investisseur, la perspective d'avoir un joli train de vie est peut-être assurée, mais l'achat est dur : le prix de vente est indexé sur le chiffre d'affaires – on peut demander à l'acquéreur le triple du dernier constaté. Le repreneur peut toutefois négocier une prise de participation progressive, ce qui arrange l'« entrant » et le « sortant », le premier planifiant sa dépense, le second préparant sa retraite. Toutefois, les instances notariales locales font bonne garde : elles vont jusqu'à encadrer les prix de cession, de façon à éviter les phénomènes spéculatifs.

Pour rejoindre cette profession qui compte 75 % de notaires masculins, alors que les études dénombrent, à l'exact opposé, 75 % de personnels féminins, il faut aussi, préalablement, avoir passé le cap du diplôme.

Premier constat : le cursus a évolué, dans le bon sens. Il fut un temps où l'on était notaire de père en fils. La charge se passait de génération en génération, tandis que les clients se transmettaient aussi de façon héréditaire. La proportion de notaires « héritiers », autour de 25 %, est toutefois moins importante qu'elle ne l'a été, en même temps que le niveau de formation est devenu bien plus exigeant. La professionnalisation a été l'un des grands chantiers du Conseil supérieur. Depuis juillet 1973, la législation a évolué. Les textes imposent d'abord l'obtention de la licence en droit, puis celle de la maîtrise et des diplômes d'études supérieures spécialisées (DESS), devenus master 1 et master 2. Aujourd'hui, ces textes précisent qu'il faut « être titulaire du diplôme d'aptitude aux fonctions de notaire et du certificat de fin de stage ou du diplôme supérieur du notariat » pour avoir le titre de notaire.

Les candidats mieux informés que les autres – et déjà clercs – peuvent toujours tenter de manœuvrer, et ainsi échapper, grâce à des dérogations prévues par le décret du 23 août 1985, aux deux premières années d'université, réputées les plus sélectives, pour accéder directement en licence ou en maîtrise. Ils s'appuient sur l'article 7 de ce décret, lequel précise que, « après examen de leur dossier, les candidats peuvent être autorisés à passer un examen de contrôle des connaissances. À titre dérogatoire, des dispenses partielles ou totales peuvent être accordées ». Le système repose entièrement sur le dossier que doit remplir le clerc de notaire, et qui arrive sur le bureau d'une commission pédagogique, laquelle décide, en dernier ressort, de la dispense d'examen. Mais si cette passerelle existe toujours en théorie, les universités n'accordent pratiquement plus de dérogations et se montrent extrêmement exigeantes sur le cursus des candidats qu'elles retiennent.

Par ailleurs, on peut également obtenir son diplôme de notaire sans passer d'examen : il faut faire valider une expérience professionnelle. Si le principe est l'exacte réplique de la passerelle évoquée à l'instant, le cursus est différent. Le candidat doit présenter un dossier devant un jury, qui décide d'accorder tout ou partie du diplôme et peut même demander au candidat de suivre une formation complémentaire. La voie reste exigeante – et nécessite une certaine endurance. Ce recrutement interne est ouvert aux détenteurs du diplôme de premier clerc ou aux détenteurs de celui de l'Institut des métiers du notariat... six années après l'obtention du diplôme et après plus de neuf années d'activité dans une étude. Pour passer l'examen, il faut avoir suivi un cycle de préparation organisé par les centres de formation professionnelle notariale, qui se déroule sur deux ans. Au total, ce parcours dure près de vingt ans !

Mais ces accès restent marginaux par rapport aux deux voies principales : la voie « royale » que constitue l'université et la voie professionnelle, forme de « session de rattrapage ». Le jour de sa prestation de serment, le néophyte déclare solennellement devant le tribunal de grande instance : « Je jure de loyalement remplir mes fonctions avec exactitude et probité, et d'observer en tout les devoirs qu'elles m'imposent. » À Paris, il arbore même la culotte courte et le bicorne, qui symbolisent son entrée, tellement convoitée, dans la communauté notariale.

14

Les dessous du lobbying

Un samedi d'octobre 2009, la quasi-totalité des parlementaires trouve sur son agenda de circonscription un rendez-vous peu ordinaire : la visite d'une délégation de notaires. De l'ensemble des départements, les officiers ministériels viennent toucher deux mots de la situation à leurs élus locaux. À l'Assemblée nationale, l'événement fait sensation : « Ah ? Tu les as vus, toi aussi ? » peut-on ainsi entendre le mardi suivant dans les couloirs du palais Bourbon. Ce samedi-là, les notaires, plutôt remontés, tiennent des propos qui vont droit au cœur des élus, et ils n'hésitent pas à brandir la menace d'une sanction électorale, quelques arguments simples à l'appui : les notaires, soulignent-ils par exemple, reçoivent près de vingt millions de Français dans leurs études chaque année, c'est-à-dire un tiers de la population ; les clients leur font confiance, alors, autant ne pas se fâcher avec la profession !...

La démarche n'est pas habituelle. Elle est même sans doute critiquable, puisque les notaires sont délégataires de la puissance publique. Mais c'est justement cette spécificité que les notaires veulent sauver. La profession est bien décidée à contrer coûte que coûte l'arrivée annoncée de l'« acte d'avocat ». Le président Nicolas Sarkozy, lui-même avocat, ne les a pas entendus ? Qu'à cela ne tienne, ils convaincront les parlementaires de ne pas voter un texte qui, selon eux, risque d'affaiblir durablement le notariat. L'acte d'avocat, ou plus précisément l'« acte contresigné par un avocat », selon l'expression que préfèrent les notaires – ils savent que le diable se cache dans les détails –, est l'une des propositions avancées par Jean-Michel Darrois, célèbre avocat d'affaires chargé par le chef de l'État de réfléchir à la modernisation des professions du droit. C'est également l'une des demandes des représentants des barreaux, désireux de pousser les avocats à se réorienter vers le conseil. Alors que le nombre d'affaires contentieuses chute d'environ 4 % par an, les barreaux continuent, en effet, de se développer de façon anarchique, tentant d'absorber des centaines de nouvelles recrues chaque année.

L'acte d'avocat – sorte de contrat à mi-chemin entre le tout-puissant acte authentique, quasiment incontestable et réservé aux notaires, et l'acte sous seing privé – pourrait s'imposer dans le monde des affaires et le commerce. Il pourrait par exemple être utilisé pour des cessions de parts sociales, une caution ou encore des baux commerciaux. Outre qu'ils y voient la possibilité de développer leurs activités, les avocats lui prêtent la vertu de sécuriser de nombreux contrats. Les notaires, eux, redoutent que ce nouvel instrument juridique ne soit en fait le cheval de Troie qui permettrait un jour aux avocats de se glisser dans leur pré carré et de mettre la main sur les ventes immobilières. Ils craignent qu'une forme de confusion ne s'installe dans l'esprit des Français. Or, pour eux, les choses doivent rester claires : un bon contrat se signe chez un notaire, un point c'est tout.

C'est pourquoi le Conseil supérieur du notariat a déterré la hache de guerre. « Les notaires, d'habitude pondérés, se rebiffent, lâche alors Benoit Renaud, vice-président du CSN. D'ailleurs, quelle profession accepterait que l'on transfère une de ses compétences à une autre profession ? »

Pour aider ses troupes dans leurs démarches, le CSN a diffusé à l'ensemble des études un argumentaire détaillé qui fustige, sur pas moins de cinq pages, l'acte d'avocat, cet « acte intermédiaire aux contours nébuleux ». Le résultat ne tarde pas à se faire sentir. Étienne Blanc, auteur à l'assemblée de la proposition de loi soutenue par le gouvernement – et en réalité émanant directement de l'Élysée –, est assailli de courriers écrits au vitriol. Cet intense lobbying porte ses fruits. Après les visites du samedi, plusieurs parlementaires retirent leur signature du texte. D'autres élus, qui avaient pourtant manifesté dans un premier temps leur appui, expliquent qu'ils ne pourront finalement pas défendre le projet tant « leurs » notaires y sont opposés.

Henri Nallet, ancien garde des Sceaux et membre de la commission présidée par Jean-Michel Darrois, explique : « Le notaire est un personnage-clé dans une circonscription, et encore plus dans les circonscriptions rurales. Le notaire est en relation avec les collectivités locales, s'occupe du plan d'occupation des sols ou de la zone artisanale. Tandis que les avocats se concentrent dans les villes de bonne taille, les notaires sont implantés partout sur le territoire. Cet officier public est, dans bien des endroits de France, le seul juriste de proximité, l'homme chez qui l'on vient prendre conseil, celui à qui l'on se confie. » De son côté, Jean-René Lecerf, élu UMP, raconte que « de nombreux sénateurs ont également reçu la visite des notaires... Et les sénateurs sont d'autant plus sensibles à leurs arguments qu'ils sont eux-mêmes élus par de grands électeurs, les élus locaux, en contact permanent avec les notaires ».

Le député UMP et ancien garde des Sceaux Dominique Perben, qui connaît bien les deux camps opposés, notaires et avocats, va jusqu'à pronostiquer : « Si les notaires n'en veulent pas, ce texte ne passera pas. »

Les avocats tentent bien, pour une fois, de recourir à la méthode favorite de l'adversaire, aller trouver les députés et leur faire un plaidoyer *pro domo*, mais ils sont loin de rencontrer le même écho. « Les notaires sont organisés comme une légion romaine et, nous, c'est plutôt l'agitation gauloise ! » constate avec humour Michel Bénichou, représentant des barreaux. Les avocats ont beau totaliser trente-huit députés issus de leurs rangs à l'Assemblée, parmi lesquels de grands noms comme Philippe Houillon, André Vallini ou encore Arnaud Montebourg, contre un seul notaire, Sébastien Huyghe, leur force de frappe reste inférieure. Il en va de même au Sénat : si les robes noires alignent dix-neuf sénateurs face à l'ex-ministre délégué au Budget, ancien président du CSN, Alain Lambert, ils ne font pourtant pas le poids.

In fine, c'est donc Nicolas Sarkozy lui-même qui doit séparer les combattants. Le chef de l'État le veut, cet « acte sous signature d'avocat » – pour ne pas braquer inutilement les notaires, on ne parlera désormais plus d'« acte d'avocat ». Puisque le Parlement se rebiffe, Michèle Alliot-Marie, fraîchement nommée à la Chancellerie, prend les choses en main. « Quand je suis arrivée au ministère, raconte la garde des Sceaux, j'ai reçu toutes les professions. J'ai eu le sentiment que, au-delà du différend sur l'acte contresigné par un avocat, régnait un contentieux, une défiance, entre les notaires et les avocats. »

La ministre décide alors d'organiser personnellement une réunion au sommet. Le 26 novembre 2009, elle convie à sa table Thierry Wickers, représentant de l'ensemble des avocats de France, et Jean-Pierre Ferret, président du CSN. Ce jour-là, la ministre et son directeur de cabinet, François Mollins, comptent les points. « Ce n'était pas un moment d'une immense décontraction, mais nous avons échangé, raconte Michèle Alliot-Marie. Je leur ai proposé de se voir et de travailler ensemble sur des projets d'avenir. J'ai insisté sur le fait que, pour défendre la place du droit continental à l'international, le dialogue était indispensable. »

Les langues commencent à se délier. Une amorce de dialogue s'engage. Une deuxième rencontre ministérielle est programmée – un apéritif, cette fois, formule qu'affectionne Michèle Alliot-Marie –, à charge pour les deux invités de revenir, le 14 décembre suivant, avec des propositions. Les avocats jurent leurs grands dieux qu'ils ne veulent pas empiéter sur l'activité immobilière des notaires, mais les notaires demandent des garanties. Juste avant Noël, un accord se profile : les notaires laisseront passer un texte établissant l'acte sous signature d'avocat mais, en échange, leur monopole sur les transactions immobilières sera gravé dans la loi. L'État leur attribue également de nouvelles (et mineures) prérogatives.

Ces négociations à couteaux tirés ne vont pas sans susciter de fortes tensions jusque dans les services internes de la Chancellerie. C'est que l'Élysée est très impliqué. Dans les premiers jours de novembre 2009, Nicolas Sarkozy, qui doit rencontrer Jean-Michel Darrois, demande une note sur l'avancée des pourparlers. Le conseiller justice, Christophe Ingrain, qui travaille avec le tout-puissant Patrick Ouart, va aux nouvelles du front, pour découvrir avec stupeur que les services du ministère envisagent d'étendre l'acte d'avocat aux notaires et, pourquoi pas, aux experts-comptables – ce qui priverait évidemment les barreaux d'une grande partie des bénéfices attendus. Hurlements : la direction des Affaires civiles et du Sceau (Dacs), en charge des professions du droit, est soupçonnée d'avoir choisi son camp, celui des notaires, et de le défendre ostensiblement... C'est alors que François Mollins reprend personnellement le dossier en main. Les négociations aboutiront quelques semaines plus tard.

Il faut dire que le notariat n'en est pas à son coup d'essai. Il a derrière lui plusieurs décennies d'entregent et de lobbying. L'une de ses plus grandes forces est de s'être adossé, bien qu'exerçant en partie une activité libérale, au ministère de la Justice. Mieux encore, d'avoir fait de la Chancellerie le véritable gardien de ses intérêts au sein de l'État. Les liens entre la Dacs, une des plus importantes directions du ministère, et le CSN sont anciens et étroits. Il n'est pas rare, par exemple, que des conseillers circulent de l'une à l'autre.

Ancien directeur des Affaires civiles et du Sceau, particulièrement apprécié de l'ensemble des professions juridiques pendant de nombreuses années, Marc Guillaume fait observer : « Regardez les bureaux de la Dacs, ses bibliothèques sont pleines de rapports exemplaires rendus par le notariat ! » En effet, à l'occasion de chacun de ses congrès, le notariat remet à la Chancellerie un épais rapport, véritable état des lieux sur un sujet juridique d'actualité – comme le droit de la famille européen, le règlement des successions, les personnes protégées, etc. –, qu'une équipe a préparé pendant près de deux ans. Les préconisations techniques faites à cette occasion par les notaires sont très régulièrement reprises ensuite dans les textes de la Chancellerie. C'est l'une des voies choisies par les notaires pour se rendre indispensables – comme ils le sont pour le ministère de l'Économie grâce aux impôts qu'ils collectent gratuitement dans les successions ou les transactions immobilières. Les gardes des Sceaux successifs se comptent parmi les plus ardents défenseurs du notariat. Pascal Clément, prédécesseur de Rachida Dati, ne s'est-il pas lui-même rendu à Bruxelles pour défendre « ses » notaires ? « Un congrès de notaires, raconte l'ancien garde des Sceaux, est un véritable bonheur pour un homme politique ! Les notaires se lèvent tous pour applaudir leur ministre. J'ai même cru que j'étais vraiment populaire, ironise-t-il. Mais, renseignements pris, ils font cela pour tous les gardes des Sceaux. » Comment un ministre pourrait-il ne pas soutenir une profession si bien disposée envers lui ?

Pour asseoir sa réputation et son pouvoir, le CSN entretient également des liens avec les plus grands juristes. Rares sont, dans les grandes universités de droit, les professeurs civilistes notamment qui n'effectuent pas des missions – rémunératrices – pour le notariat. Aussi bien lorsqu'ils travaillent pour les Cridon (centres de recherche, d'information et de documentation notariales), qui produisent des analyses de lois et de la jurisprudence pour le compte des notaires, que dans les tâches de formation qu'ils assument dans le cursus notarial, ces universitaires bénéficient d'appréciables compléments de revenus, destinés à les fidéliser. De la sorte, ce sont des « amis » de la profession que l'on retrouve souvent à la tête de laboratoires de droit ou de publications scientifiques. Jean-Louis Aubert, le spécialiste incontesté de l'assurance des notaires, a par exemple enseigné à bien des promotions. Ce qui ne l'a pas empêché d'être nommé conseiller à la Cour de cassation, ultime instance judiciaire en appel, et de rendre plusieurs arrêts concernant... la responsabilité des notaires ! La jurisprudence sur l'un des points essentiels de la relation entre un notaire et son client – sa responsabilité vis-à-vis de lui – a donc été tracée par un fin connaisseur, qui était aussi un ami.

Que la profession se démène à ce point vient de qu'elle a intériorisé la hantise de sa propre disparition. Ainsi s'explique pour une bonne part son organisation défensive et quasi militaire. « Mon père me l'a toujours dit : "Si tu deviens notaire, je te préviens, tu entendras, comme moi, toujours parler de la fin du notariat", confirme Jean-Paul Decorps, l'un des anciens dirigeants de la profession. Si bien que j'ai toujours vécu conscient de cette menace. » Il n'est pas aisé en effet de préserver à tout prix la combinaison des deux spécificités qui assurent son train de vie : le monopole sur les ventes immobilières et les actes authentiques, ainsi que la coexistence du statut d'officier ministériel et de l'activité libérale. On ne s'étonnera pas que depuis l'après-guerre le notariat ait connu des séismes en série.

Les couloirs de la prestigieuse bâtisse rénovée du boulevard de La Tour-Maubourg à Paris bruissent encore des noms, chuchotés non sans une pointe d'appréhension, des experts qui, il y a près de cinquante ans, ont bien failli avoir la peau du notariat. Le rapport Armand-Rueff suscite toujours chez les plus anciens des exclamations qui en disent long sur le traumatisme subi. Il faut dire que ce « rapport sur les obstacles à l'expansion économique » n'épargnait pas la profession. Les auteurs y dressaient un portrait peu flatteur du notariat. Ils montraient du doigt les mauvaises pratiques en vigueur, comme l'usage des « contre-lettres », documents discrètement signés au moment de la cession d'un office qui servaient à en sous-estimer le prix de vente pour minorer les droits d'enregistrement – usage doublement répréhensible, venant d'officiers ministériels ! « Il convient de demander à la Chancellerie et aux services de l'enregistrement de coordonner leurs moyens d'information pour que les prix déclarés et acceptés par le garde des Sceaux correspondent à la réalité et que les dissimulations de prix soient légalement et effectivement sanctionnées », écrivaient les rapporteurs. Ils dénonçaient également les soupçons d'« ostracisme » dans la sélection des aspirants notaires par la profession elle-même : « Il importe [...] que le ministre effectue un contrôle rigoureux des motifs pour lesquels les chambres de notaires refusent [...] de donner un avis favorable à l'installation d'un candidat dans leur ressort. »

Le rapport attaquait aussi deux points-clés du fonctionnement de la profession : il recommandait ainsi de revoir à la baisse les tarifs, estimant trop élevé le coût de certains services, et d'ouvrir l'accès à la profession à un plus grand nombre de candidats. Un sujet qui aujourd'hui continue de faire débat. Les auteurs, qui allaient jusqu'à envisager la suppression pure et simple de cette « profession fermée », désignée comme l'emblème de l'archaïsme français, ne reculaient que devant un obstacle : le coût prohibitif qu'entraînerait pour l'État l'indemnisation de la perte de leur charge à l'ensemble des notaires.

« Armand-Rueff » fait alors entendre un coup de semonce à la profession. Le Conseil supérieur mobilise ses troupes, commande une étude confidentielle et entame la métamorphose du notariat. La « conférence du plan », concept directement inspiré du Commissariat au plan, est créée. C'est une sorte de *think tank* destiné à conduire la modernisation de la profession. Durant les années 1970, des séminaires et des ateliers sont organisés à travers toute la France pour fédérer les notaires « de terrain ». Un psychologue intervient au cours de ces séances, afin de leur démontrer l'intérêt de penser en termes collectifs. « Le plan, c'était une expérience passionnante, un lieu de réflexion auquel participaient des intellectuels de différents horizons, juristes, sociologues, philosophes et même des jésuites », se souvient l'un des participants. C'est également à cette époque que naissent les cinq Cridon, services juridiques de référence auxquels les notaires, qui exercent souvent isolés en province, peuvent poser toutes les questions de droit possibles. Bref, en quelques années, la corporation se professionnalise, se modernise et s'organise – en même temps qu'elle bénéficie d'une économie florissante.

1981, François Mitterrand accède à l'Élysée. Le socialisme au pouvoir inquiète. Les notaires, qui veillent sur la propriété et le patrimoine individuels, sont vus par une partie de la classe politique de gauche comme le symbole du capitalisme. « Le notariat, c'est fini ! » aurait même lancé Pierre Mauroy, alors Premier ministre. Propos audacieux, que l'intéressé démentira. Cela n'empêche pas Bernard Monassier, aujourd'hui notaire des plus grands hommes d'affaires, de réagir : « J'ai tout de suite mobilisé la profession. Trois jours plus tard, le président de la République me téléphonait : "Vous avez mal compris..." »

1989, les acteurs changent, mais pas le scénario. Pierre Arpaillange, alors ministre de la Justice du gouvernement Rocard, veut légiférer. Il envisage de démocratiser l'accès à la profession notariale. Nouveau front des notaires, qui n'ont jamais été partisans d'un partage du gâteau en un nombre trop élevé de parts. Le ministre suivant, Henri Nallet, parviendra, lui, à faire passer un texte épuré qui impose la création du notaire salarié.

Près de vingt ans plus tard, Jacques Attali confie : « Je connais tout le talent de Jean-Michel Darrois, mais là, je lui souhaite bon courage ! » L'éminent économiste vient en effet de se frotter – entre autres – au lobby des notaires, lorsque Jean-Michel Darrois, l'un de ses amis, se voit confier par Nicolas Sarkozy une mission sur la « grande profession du droit ».

Dans les propositions de son rapport pour la libération de la croissance française, rendues au gouvernement quelques mois auparavant, Jacques Attali n'a fait qu'aborder la question notariale, recommandant notamment de multiplier les études, mesure que la profession récuse depuis toujours. Ce faisant, il a pu éprouver la force de résistance du notariat.

Au fil de ses travaux, Jean-Michel Darrois aura tout loisir de déchiffrer cet amical oracle : le notariat va user de tout son savoir-faire pour imposer ses vues aux membres de la commission qu'il dirige. Pour peser dans l'opinion, et surtout dans l'esprit des décideurs, le CSN s'est adjoint les services d'Anne Méaux, la patronne d'Image Sept, une agence de communication bien connue des grands patrons français, qui gravite dans l'entourage des clients du cabinet Darrois... Le notariat lance sa machine à communiquer, commandant plusieurs sondages qui soulignent dans une belle unanimité la confiance des Français envers cette profession. L'objectif, comme toujours, est de montrer l'utilité du notariat, de façon que son statut ne soit pas entamé. Le danger pour les notaires est d'être absorbés au sein d'une « grande profession du droit », à l'intérieur de laquelle – le cauchemar revient – les avocats pourraient faire main basse sur le juteux marché immobilier.

Les représentants des notaires font jouer aussi des ressorts plus classiques : on invite à tour de bras, on organise des déjeuners de parlementaires et d'universitaires. Les hôtes de marque défilent dans la salle à manger du siège du Conseil supérieur, au cœur du 7e arrondissement de Paris, à un jet de pierre de l'Assemblée nationale. Rien n'est laissé au hasard. Bernard Reynis, alors président du CSN, a préparé son audition devant la commission Darrois à l'image d'un étudiant potassant son grand oral de Sciences po. Il a rassemblé les contributions de la profession et fait travailler plusieurs commissions internes pendant tout l'été. Lorsque la délégation de trois notaires, entraînés comme pour un championnat sportif, se présente devant le « jury », son professionnalisme impressionne.

Mais cette fois, le salut vient de loin : d'outre-Atlantique ! Si les notaires sauvent une fois de plus leur statut, alors qu'une partie de la commission Darrois souhaite en finir avec le monopole sur les ventes immobilières, c'est en grande partie grâce au FBI. Et grâce à la crise des *subprimes* ! Le président du CSN a habilement glissé aux membres de la commission un document confidentiel de choc : une note alarmante de Scott Broshears, agent du FBI à Washington, qui dresse un tableau apocalyptique de la crise des hypothèques américaine. « Internet permet à certaines personnes de se procurer plus facilement des documents falsifiés et de trouver des complices pour organiser une fraude hypothécaire. Par exemple, sur le Web, certaines sociétés proposent de faux relevés bancaires, de fausses déclarations de revenus et peuvent même aller jusqu'à créer des emplois fictifs, assortis d'un numéro de téléphone que n'importe quelle institution financière pourra appeler aux fins de vérification. Internet grouille de personnages en mesure de vous aider à organiser une fraude hypothécaire », explique l'agent fédéral. Il ajoute qu'en 2007, selon certaines estimations, la fraude hypothécaire est à l'origine de 4 milliards de dollars de pertes aux États-Unis.

En réalité, le FBI lie la crise économique qui sévit à travers le monde au développement de la fraude hypothécaire, qui, toujours selon Scott Broshears, « en constitue certainement un facteur important. L'une des toutes nouvelles escroqueries consiste à ouvrir une *title agency*, puis de s'arranger pour voler "virtuellement" une maison, détaille encore l'agent. Mettons que je travaille à domicile, que je détiens quelques biens. Le *title agent* signe de faux documents attestant que je vends ma maison à un tiers, vole une identité et traite le dossier sous un faux nom, demande enfin un crédit de 500 000 dollars qu'il soumet à une institution financière. Si celle-ci lui donne son feu vert et lui octroie la somme, le *title agent* s'arrange pour obtenir cinq ou six autres crédits de la même façon, puis il ferme boutique et disparaît dans la nature. Il aura ainsi empoché quelques millions de dollars. Des mois plus tard, un employé de l'institution financière me joint, cherchant à savoir pourquoi je n'ai pas commencé à verser de mensualités, à moins qu'il ne s'adresse à la personne à laquelle je suis censé avoir cédé ma maison. En apprenant que j'y vis toujours et que je ne l'ai jamais vendue, il comprend que son institution ne récupérera jamais l'argent prêté ». Et Scott Broshears d'en venir lui-même à la conclusion qui intéresse tant le notariat français : « Vous m'avez déjà expliqué comment les choses se passent dans votre pays. Comme vous le voyez, il est probablement bien plus facile de faire des faux en écriture aux États-Unis. C'est sans doute un problème que nous devrions prendre un peu moins à la légère. » CQFD !

En France, ce type de montage ne serait pas envisageable, grâce aux notaires, qui contrôlent l'ensemble des transactions immobilières, systématiquement enregistrées au fichier de conservation des hypothèques. Derrière la crise des *subprimes*, le problème n'est pas financier mais juridique, conclut – sagement, mais pas si innocemment que cela – le notariat français. « Veut-on vraiment libéraliser aujourd'hui ? glisse ensuite le représentant du notariat au groupe de travail de la commission Darrois. Les dérives américaines n'auraient pu se produire chez nous, car en France les notaires garantissent la fiabilité du fichier immobilier. » À ce moment précis, le sort en est jeté : en pleine crise économique, l'argument de la sécurité juridique fait mouche. Un nouveau coup de maître !

Mais une fois de plus, la profession a senti le vent du boulet, et cherché derechef la parade qui pourrait la mettre à l'abri une fois pour toutes. À la fin de l'hiver 2008, les responsables du CSN sillonnent la France, de table ronde en table ronde, pour faire remonter les idées des élus de la profession. Studieux, les quelque mille six cents notaires sollicités planchent méthodiquement sur une liste de thèmes préparés par un institut spécialisé. Le CSN fait voter par ses troupes, fin 2009, le plan d'attaque né de ce vaste brainstorming. Un nouveau plan pour les dix ou quinze prochaines années, baptisé « Horizon 2020 », qui trace ce que devraient être les notaires du futur, est présenté lors de la plus grande convention notariale jamais organisée, à Bercy. La profession espère avoir enfin mis au point la riposte qui pourrait lui permettre de ne plus voir périodiquement son utilité et sa légitimité remises en cause.

Elle mise en partie sur les nouvelles technologies, un domaine dans lequel elle a une longueur d'avance grâce au centre de recherche de Venelles, dont nous développerons tout l'intérêt dans le dernier chapitre. Les notaires ont imaginé plusieurs applications high-tech, comme l'implantation de bornes interactives dans les mairies, que les citoyens pourraient interroger pour les actes les plus courants. Ils projettent de permettre à leurs clients de suivre en ligne l'avancement d'un dossier, avec un code confidentiel – sur le modèle du suivi des colis. Mais la technologie n'est pas tout. Les notaires ont aussi réfléchi à leur façon de travailler. Près de mille sept cents d'entre eux exerçant seuls dans leur étude, des notaires « volants » pourraient venir en soutien si une affaire complexe se présente dans l'une de ces études isolées. De véritables brigades de praticiens spécialisés capables d'intervenir en renfort sur certains dossiers pourraient être créées. Mieux, les notaires ont décidé de dépoussiérer leur image et veulent sortir de l'ombre. L'exemple des avocats les a incités sinon à créer une chaîne de télévision spécialisée, idée vite abandonnée, du moins à prendre position, comme leurs concurrents, sur des sujets d'actualité. « Pourquoi ne nous voit-on pas, nous aussi, sur les plateaux de télévision ? » se plaignent certains dirigeants du CSN. Une autre révolution, culturelle celle-là, est en marche.

15

Galerie de portraits

L'Hexagone compte près de neuf mille notaires... Tous les deux ans, la profession change de dirigeant, mais le pouvoir reste entre les mains d'une poignée de personnalités dont on reconnaît la marque qu'elles ont laissée sur le notariat. Voici, présentées en ordre purement alphabétique, quelques-unes de ces figures qui font aujourd'hui la pluie et le beau temps dans le milieu.

Jean-Pierre Ferret, l'insaisissable

Sa moustache à la Maupassant intrigue ses interlocuteurs. Jean-Pierre Ferret, président sortant du CSN, est un homme « insaisissable », disent-ils. On ne sait jamais ce qu'il pense. L'homme en effet n'est pas d'un naturel disert. Pour exercer la fonction exposée de leader de la profession, il a dû forcer son tempérament. Non qu'il n'ait pas désiré peser dans les instances notariales. Discret, certes, mais également déterminé, Jean-Pierre Ferret n'a pas hésité à s'imposer quand il le fallait. Au départ, ce gaillard longiligne est plutôt un homme de dossier : ce fort en thème sait jongler avec les affaires les plus techniques.

Avant de croiser le chemin de Bernard Monassier, alors étoile montante de la place de Paris, notaire passionné de droit des affaires, Ferret ne se voyait pas cet avenir, mais pensait finir comme juriste d'entreprise. Quelques années passées dans l'une des plus brillantes études de France l'ont converti à la cause notariale. Il s'installe alors à Montpellier, son pays. Mais il a ce talent, cette belle mécanique juridique : on lui propose des rôles de plus en plus importants dans les congrès annuels du notariat, ces événements phares pour la profession, qui produit à cette occasion des rapports visant à faire référence dans le monde juridique. Voilà Jean-Pierre Ferret propulsé sur la voie royale qui mène au cénacle des présidentiables du CSN.

Voici à ce jour près de deux ans que cet homme féru de nature et de sport a troqué le calme des grands espaces et les marches en montagne pour les tristes machines de sport en salle des citadins. Dès qu'il atterrit dans la capitale, le président du CSN est happé par une cadence infernale. « Il arrive que je ne quitte pas le bâtiment du Conseil pendant trois jours ! » confie-t-il. Il travaille, mange et dort au siège du CSN, où, au troisième étage, ont été aménagées quelques chambres pour les dirigeants provinciaux. Il a même fait installer un vélo d'appartement dans le couloir.

Jean-Pierre Ferret n'hérite pas d'un mandat facile. Au moment où il parvient au sommet de la hiérarchie notariale, soit en novembre 2008, les finances sont dans le rouge et la guerre avec les avocats bat son plein. Les barreaux en ont après le monopole des notaires sur les actes immobiliers. On s'échange des noms d'oiseaux sur les sites Internet ou par médias interposés.

Cette façon d'être n'est pas non plus dans la nature de Jean-Pierre Ferret. Quelles que soient les craintes de ses troupes, il accepte, sous la pression de Michèle Alliot-Marie, l'acte sous signature d'avocat en échange de la consolidation de l'acte authentique des notaires. Le 22 décembre 2009, au CSN, la réunion qui suit est houleuse. Pour certains, la pilule est dure à avaler. Quatre délégués se rebiffent, refusant d'approuver l'accord conclu l'avant-veille. « Tu as enterré le notariat ! » lui lance l'un d'eux. Ferret est profondément blessé, triste même. « J'aime que tout le monde soit d'accord, explique-t-il. Je n'écris jamais : “Il faut faire ceci” ni : “Faites ceci”, mais : “Je pense qu'il serait préférable de...” » Le désordre n'est pas son terrain.

Derrière la moustache apprêtée à l'ancienne, dont les bords frisés se relèvent au-dessus des commissures, semblent s'affronter les deux grandes facettes de cet homme à la fois affirmé et tatillon, provincial et parisien, drapé dans une forme de réserve comme dans un costume trop étroit et bavard comme par fulgurances. « Ah ça, quand je parle, je parle trop ! » Le regard s'allume, la moustache se relève, laissant apparaître un franc sourire. L'homme alors n'est plus insaisissable, mais attachant.

Jean-François Humbert, le Gaulois

Jean-François Humbert n'apprécie pas l'humour d'Édouard Balladur. Le président sortant de la chambre des notaires de Paris, de loin la plus importante de France, garde encore en travers de la gorge le bon mot de l'ancien candidat à la présidence de la République qui avait expliqué, à un journaliste qui l'interrogeait sur l'une de ses actions, qu'il ne comptait pas faire preuve d'une « prudence notariale ». « Cela m'a frappé, confie Jean-François Humbert, car, visiblement, le mot "notariale" était péjoratif dans son esprit et même synonyme de "timorée" ou "peureuse" ! » L'homme se tient bien droit derrière son bureau presque immaculé, où ne traîne aucun dossier. Mais si le corps est immobile, les yeux, eux, pétillent et s'agitent au fil de sa conversation. S'il a encore en mémoire l'expression de l'ancien Premier ministre, c'est que lui se voit plutôt comme un indépendant : de caractère et de mouvement. Un peu « gaulois », entendez : insoumis, dit-il de lui-même. Le qualificatif ne lui sied pas si mal. Cette forme – modérée – d'anticonformisme est sans doute ce qui distingue le président de la chambre de Paris au sein de la profession.

Provincial d'origine, Jean-François Humbert ne s'est pas installé dans le 7e arrondissement de Paris, comme nombre de ses confrères, mais dans le 18e. Il n'a pas non plus fait ses premiers pas de notaire au sein de l'une des deux « conférences » (groupes de jeunes notaires) les plus en vue de la capitale. Peu de choses le destinaient à accéder à la tête de la puissante chambre. Jean-François Humbert a gravi les échelons des différentes instances de la profession grâce... à une annulation de rendez-vous et à son âme de Gaulois : « L'ensemble des notaires a reçu un vaste questionnaire du Conseil supérieur portant sur l'exercice de la profession, raconte-t-il. Dans un premier temps, je n'ai même pas pensé y répondre. Mais un matin, un de mes rendez-vous est annulé. Je prends le courrier et j'écris, sans retenue, ma façon de voir les choses. C'est ainsi qu'Alain Lambert, alors président du Conseil supérieur, m'a appelé ! » Voilà comment l'homme est devenu le poulain de ce sénateur, ancien ministre des Finances, et membre toujours très influent de la profession. Son esprit brillant, la limpidité de ses présentations frappent ses interlocuteurs depuis longtemps. Témoin Bernard Monassier : « Jeune, il était venu me voir pour un conseil. Je lui avais ensuite adressé un petit mot pour lui dire qu'il avait un avenir... »

Son attirance pour le franc-parler est devenue un atout supplémentaire dans la guerre qui oppose depuis plusieurs mois avocats et notaires. Les avocats sont les champions de la plaidoirie publique, de la petite phrase bien sentie, des effets de manches ? Jean-François Humbert n'est pas dénué de l'esprit de repartie et n'est pas non plus, au contraire d'une partie de ses confrères, prisonnier, en public, d'un sens aigu de la retenue. Non sans humour, il se moque de ses « amis avocats » – mots qu'il prononce en retenant un léger pincement des lèvres – en quête de nouveaux domaines d'activité face à la baisse du nombre de dossiers judiciaires. En passant, il raille le barreau de Paris, qui a voté de nouveaux statuts pour que les robes noires puissent conseiller les sportifs ou les artistes. « Bientôt, les avocats vont découvrir qu'on peut faire des piqûres et nous aurons des avocats infirmières ! » ironise-t-il.

Au printemps 2009, c'est donc lui qui monte au créneau alors que Jean-Michel Darrois s'apprête à rendre son rapport. Un rapport qui fait trembler d'avance depuis des mois toute la profession. Avant même la présentation officielle des travaux, Jean-François Humbert organise une conférence de presse dans un élan doublement audacieux. En effet, le notariat n'a pour habitude ni de brûler les dates officielles ni de laisser publiquement s'exprimer d'autres voix que celle du président du Conseil supérieur. En réalité le président de la chambre de Paris bout depuis plusieurs semaines. Alors que les notaires pensent être parvenus à défendre à peu près leurs positions auprès de Jean-Michel Darrois, celui-ci n'en finit plus de réécrire son rapport, qu'il tarde à remettre au président de la République. « Par cette conférence de presse anticipée, je voulais stabiliser le contenu du rapport, explique aujourd'hui Jean-François Humbert, et contraindre Darrois à rendre ses travaux pour éviter de nouvelles écritures, qui nous paraissaient de moins en moins favorables. » Un coup digne d'un avocat !

Christine Letulle, l'intruse

Sa prestation de serment a été un événement. En pleine page du *Figaro* et de *France-Soir* datés de novembre 1977 est apparue Christine Letulle, la première femme notaire de Paris, photographiée sur les marches du Palais de Justice, vêtue de l'habit traditionnel notarial revisité par un grand couturier parisien : la jupe n'avait jamais été prévue pour se marier avec la chemise à jabot dessinée pour ce jour si solennel dans la profession... Les notaires ne voulaient pas de femmes parmi eux, cela, Christine Letulle, qui règne aujourd'hui sur l'une des grandes études parisiennes, ne l'ignorait pas quand elle a entamé sa carrière. « Ils étaient plutôt misogynes, ne concevant les femmes dans les études que comme clercs ou comptables. Je suis arrivée là-dedans comme un vilain petit canard. »

Que la jeune femme soit issue d'une grande famille de notaires – son père a même présidé le CSN en 1955 – n'y changeait rien. Et que Mai 68 soit passé par là non plus ! « Les femmes faisaient alors leur entrée dans bien des secteurs de la société, poursuit Christine Letulle, mais pas chez nous. On m'a dit que cela allait causer du “désordre” ! La chambre de Paris résistait d'autant plus que les études de la capitale traitent de gros capitaux... À l'époque, ils n'étaient qu'une centaine de notaires, habitués à rester entre eux, ils n'entendaient pas être dérangés... » En clair, dans ce cercle d'hommes de pouvoir, on pensait que les affaires d'argent ne se traitaient pas avec des femmes ! Or, sans l'aval de la chambre, impossible de devenir notaire en titre. La jeune juriste était pourtant diplômée, elle travaillait depuis plusieurs années dans l'étude de son frère aîné. Elle a alors rencontré Marie-José Sago, autre candidate ostracisée par la profession pour cause d'identité féminine. Toutes deux ont obtenu un rendez-vous au ministère de la Justice. « C'est là que les choses se sont débloquées », raconte Christine Letulle.

La notaire, petite femme souriante, tout en finesse, vêtue d'un tailleur haute couture, exhibe avec fierté, du cahier où elle a consigné les trophées de ce combat victorieux, une photo qui sort de l'ordinaire : « Là, je suis en costume et mon mari en robe. » Sur le cliché en noir et blanc, on peut en effet reconnaître la jeune femme blonde en habit de notaire, le fameux jour de la prestation de serment, accompagnée de son mari en robe noire... d'avocat !

« Cela n'a jamais posé de problème, au contraire », dit la femme de loi. Alors que les deux professions concurrentes se regardent depuis des décennies en chiens de faïence, le couple, lui, tire de la situation une complémentarité de plus : professionnelle. Au sein de l'étude, elle aime en particulier s'occuper des successions. Lui, quelques étages plus haut, a posé sa plaque d'avocat fiscaliste. Dans cet immeuble cossu du cœur de Paris, les grandes familles trouvent ainsi un ensemble de services fournis par le pool familial.

Apprêtée et coiffée avec soin, Christine Letulle n'a rien sacrifié de sa coquetterie sur l'autel d'une carrière en milieu masculin, où elle a raflé les décorations les plus prestigieuses. Pourtant, c'est une infatigable meneuse, perpétuellement dans l'action. Elle appelle cela l'« esprit associatif » : créer ou participer à des clubs, des bandes, des mouvements, tous différents les uns des autres. La féministe Christine Letulle a présidé plus de quatre fois le club Femmes forum. Sa personnalité gourmande s'est laissé enrôler de bon cœur dans le Club des belles bacchantes, une trentaine de femmes aimant l'œnologie et la gastronomie. Elle profite de son côté bon vivant pour s'encanailler à l'occasion avec une bande de copines qui ont entrepris de noter les (grands) bistros parisiens... Elle milite également dans des associations caritatives comme l'Arc et circule dans des cercles purement professionnels comme le Club des femmes juristes.

De sa jeunesse post-soixante-huitarde, elle a gardé le goût de la liberté sans pour autant se priver d'une jolie élégance bourgeoise. Dans son vaste bureau, la moquette épaisse, le mobilier d'époque et les rideaux de velours trahissent un retour sans complexe aux valeurs sûres. « Ma mère ne comprenait pas pourquoi je voulais travailler. Elle m'a même dit un jour : "Arrête, et je te verse ce que tu gagnes tous les mois..." » Au milieu de ce confortable décor surgissent pourtant quelques bizarreries ; elles ne font que trahir la fantaisie conquérante que la première femme notaire à Paris est parvenue à imposer autour d'elle. « Longtemps, j'ai collectionné les canards, dit-elle, amusée. Il y en avait partout dans mon bureau. Parce que c'est un symbole de félicité conjugale ! »

explique-t-elle. Aujourd'hui, ce sont des vaches qui ont fait irruption sur les étagères : Christine Letulle possède même quelques modèles de ruminants dessinés par Sonia Rykiel...

Bernard Monassier, le notaire des puissants

Jusqu'à la fin de sa carrière, Bernard Monassier restera un notaire à part. Sans doute aussi celui qui a le plus bousculé la profession, tentant de la mener, parfois malgré elle, fouler de nouveaux sentiers d'avenir.

Le notaire qui conseille aujourd'hui les plus grandes fortunes de France, un proche de Serge Dassault, n'a jamais été tout à fait un homme comme les autres. Notaire « par hasard et par nécessité », aime-t-il à expliquer, il a fait siennes les valeurs de la profession, notamment le sens du service. Mais il a sans cesse voulu en repenser le fonctionnement et en améliorer les performances. Quand il évoque la grande famille du notariat, cet homme à l'allure posée devient un inégalable conteur, capable de captiver l'auditoire le plus rétif. Portée par ses mots, l'histoire de la profession, avec les enjeux qui la gouvernent, devient un roman... Rien d'important ne se fait d'ailleurs sans qu'il soit consulté dans ce notariat qu'il connaît si bien.

La santé de Bernard Monassier, fragile, lui forge le caractère. À onze ans, la maladie le cloue à la maison. Deux ans durant, il manque le collège. Il se console en dévorant des livres. Cette boulimie de savoir ne l'a plus quitté. À la sortie du lycée, il accumule les diplômes avec mention. Il sort major de l'école du notariat, alors qu'il ne suit pas plus d'un cours par semaine, le cours pratique, faute de temps, car il s'est inscrit simultanément en droit et en lettres... C'est à ce moment-là que Bernard Monassier se marie. Il lui faut un revenu. Il dégote – péniblement, malgré sa kyrielle de distinctions – une place dans une étude notariale. « On m'a donné une machine à écrire et un acte de notoriété à rédiger », se souvient-il. Le soir même, le jeune homme, avec ce pragmatisme qui le caractérise, acquiert un manuel de dactylographie. « Pendant un mois et demi, le vieux clerc de l'étude m'a corrigé. Ensuite, il m'a confié une promesse de vente. Là, pendant deux mois et demi, il a encore repris ma copie. Je m'en souviens encore par cœur, de cet acte ! Mais c'est ainsi que j'ai appris la rigueur. »

Pourtant, Bernard Monassier ne veut pas être notaire. Le couple limousin décide de « monter » sur Paris. Le jeune marié s'inscrit à Sciences po, car il vise la prestigieuse École nationale d'administration. Parallèlement, il suit un cursus en droit privé et en droit public. « Je n'ai pas voulu choisir, les deux m'intéressaient. » Boulimique, toujours. « J'ai longtemps été asthmatique, confie-t-il. Pendant les crises, on étouffe, on a l'impression de mourir. Dans cette lutte permanente pour la vie, la réussite m'a toujours semblé évidente, indispensable. »

Il s'y attelle sans ménagement. Le jour il travaille dans un office, la nuit il étudie. Surmené, il laisse passer la date d'inscription au concours de l'ENA. Il sera donc, finalement, notaire. Mais l'un des plus puissants. Dans son actuel bureau, en plein 7e arrondissement de Paris, Bernard Monassier a accroché, bien en vue, une peinture représentant un tronçon du canal Saint-Martin – l'emplacement précis de sa première étude, dans le 19e arrondissement. Sur le mur voisin trône une gravure de 1825, représentant le même lieu un siècle plus tôt. Derrière lui, un mur de placards, ceux de son bureau de l'époque, qu'il a fait installer à l'identique en souvenir des débuts de sa *success story.*

En effet, Bernard Monassier prend très vite la direction de l'étude dans laquelle il a été embauché. Il s'associe avec l'homme qui l'a recruté et qui jusqu'au bout soutiendra les projets les plus audacieux de son jeune poulain. Monassier déménage l'office et réoriente son activité. Il fait aménager les bureaux par les meilleurs designers, et dans le même temps organise un roulement dans l'étude pour que chaque jour un membre soit disponible afin d'aider la population du quartier. Il s'implique dans la formation de ses confrères et dans les prestigieux congrès, prend successivement la tête de plusieurs instituts notariaux, se retrouve à la tête de la puissante chambre de Paris... jusqu'à ce que la maladie de nouveau l'oblige à ralentir la terrible cadence qu'il s'impose.

Il n'empêche, au fil des ans son activité prospère, tant et si bien que son étude devient l'une des cinq premières études de France. Concepteur de la mise en réseau des études, Bernard Monassier montre l'exemple. Le groupe qui porte son nom, après avoir suscité tant de commentaires amers et de jalousies, réunit aujourd'hui vingt-cinq études, ainsi que la plupart des notaires qui comptent dans la profession. Mais la « marque » Monassier, sans doute plus encore que son incroyable réussite, ces sont ses modalités d'exercice. Fils d'un chef d'entreprise – son père était distributeur de fioul –, Bernard Monassier pense avant tout en entrepreneur. Il veut comme clients les entreprises et leurs dirigeants. Contrairement à l'immense majorité de la profession, il ne considère pas l'immobilier comme son cœur de métier. À la fin des années 1990, il a même l'audace de tourner le dos aux marchands de biens. « Les notaires sont les spécialistes du contrat, pas de l'immobilier », explique-t-il. Iconoclaste, l'homme à la voix monocorde et rassurante prononce avec douceur une de ces petites phrases qu'il affectionne, une sentence qu'il sait provocatrice, ô combien, pour la profession : « Le marché a toujours raison. »

Benoit Renaud, « communicator »

C'est une femme, sa voisine, qui a guidé Benoit Renaud vers le notariat, une notaire expérimentée auprès de qui son père, entrepreneur, venait prendre conseil. « Petit, je l'accompagnais. Je trouvais qu'on se sentait bien dans cette étude. Il y régnait une sorte de calme... » Assez vite, toutefois, Benoit Renaud, l'un des deux vice-présidents du Conseil supérieur et dauphin désigné par ses pairs, se rend compte que tout le monde ne se fait pas une idée aussi positive de la profession. « Quand j'étais sur les bancs de l'université et que je déclarais que je comptais devenir notaire, on me regardait bizarrement. Je n'ai jamais bien compris d'où vient cette image compassée des notaires ! » Dans les classiques du cinéma et de la littérature, le notaire, observe-t-il, apparaît le plus souvent comme un petit homme grisonnant, au rôle peu valorisant. « Et cela, alors que les séries montrent des avocats pleins d'allure, plaidant avec brio, leur épaisse chevelure coiffée en arrière ! »

Benoit Renaud ne possède pas d'épaisse chevelure, le visage est rond, avenant. Pourtant, ce notaire partage avec les juristes du camp adverse un indéniable talent : celui du verbe, ainsi que le goût de la communication. C'est même chez lui comme une seconde nature. Ce quadragénaire qui prendra la tête du Conseil supérieur à l'automne 2010 est un communicant dans l'âme. Une qualité qui fait de lui, tout particulièrement aujourd'hui, l'homme de la situation. C'est en politique, « sur le tas », qu'il a appris comment convaincre, séduire, enrôler et motiver. Les campagnes électorales ont façonné chez lui, très jeune, ce don de capter l'attention des plus réticents et d'attirer leur sympathie. Benoit Renaud est un militant. « Ma femme m'a rencontré derrière un microphone ! » aime-t-il à raconter pour illustrer ce goût de l'engagement collectif. Elle était au lycée, lui en fac ; il passait devant son établissement, à la tête d'une manifestation.

Devenu notaire en titre, il met la pédale douce en matière d'engagement politique sans rien perdre de son bagout pour autant. Dans le milieu on sait tout de suite exploiter cette force particulière, cette rondeur dont il enveloppe habilement ses propos pour retourner l'assistance. Très vite, le jeune notaire lorrain est envoyé sur les plateaux de télévision pour défendre la profession. C'est ainsi qu'il passe dans des émissions grand public, et parfois polémiques, comme celle de Christophe Dechavanne. Lui seul semble capable de résoudre l'équation – infernale pour beaucoup dans la profession – qui consiste à concilier précision notariale et langage télévisuel. Il a le sens de la formule, sans pour autant déformer la réalité ; il inspire la confiance, sans donner des siens une image poussiéreuse. Avec lui, le notariat prend un visage sympathique et la profession sort de cette forme d'anonymat collectif dans lequel elle semblait durablement enfermée. Ses pairs ont trouvé là une pépite, aussi le système propulse-t-il rapidement Benoit Renaud en haut de l'échelle des responsabilités. Une ascension qui lui va bien.

Le notaire de Lunéville est un homme pressé. Dans sa vie, il a tout mené rondement : mariage, enfants, carrière. Il sera l'un des plus jeunes dirigeants du CSN. Le jour où il a été appelé pour rejoindre le Conseil supérieur est resté gravé dans sa mémoire : « J'en avais les jambes qui tremblaient. Je n'y croyais pas. » Car, en bon militant politique, il a su décrypter depuis longtemps les codes de l'appareil. Il sait que cette place de délégué au CSN que les sages lui proposent est une façon de lui faire rejoindre le sérail des futurs présidents. Avec lui, le notariat tentera, dans les deux ans à venir, de trouver une autre forme d'expression publique. « Finie, la religion de la discrétion ! » annonce-t-il.

16

Riche comme un notaire

250 000 euros : c'est la somme que gagne, en moyenne, un notaire expérimenté chaque année. Un quart de ces officiers ministériels parvient même à doubler quasiment cette somme déjà rondelette. En fin de carrière, la moyenne atteint 460 000 euros, soit, en euros courants, 40 000 euros de revenus mensuels, qui sont des « avances sur bénéfices » à proprement parler. Le quart le plus « pauvre » de la profession tourne, si l'on en croit les chiffres relevés par la Chancellerie au moment de la vente des études, autour de 75 000 euros par an. Il s'agit d'études le plus souvent installées en zone rurale, où le marché immobilier et foncier est moins actif.

Ces données, recueillies par l'observatoire des professions juridiques et financières, n'ont jamais été publiées jusqu'à ce jour. Et pour cause : le notariat les tient jalousement secrètes, trop conscient que la profession jouit là d'un privilège dont ne bénéficient plus la plupart des « notables » français. Médecins ou magistrats sont en effet loin d'afficher d'aussi confortables moyennes ! D'autant qu'au cours des dernières années – ceci jusqu'à la crise –, les bénéfices des notaires ont progressé de l'ordre de 10 % par an.

Or, ces performances financières sont en grande part assises sur le « tarif ». Fixé par l'État, le tarif constitue en quelque sorte l'assurance tous risques du notariat. Les libéraux le voient comme une résurgence archaïque de l'État tout-puissant, un frein aux lois bienfaisantes du marché. Au contraire, les notaires défendent l'idée que la tarification de leurs actes leur permet d'assurer leur mission de service public – l'accueil et l'information de l'ensemble des justiciables quels que soient leurs revenus. De fait, certains actes se révèlent particulièrement lucratifs. C'est le cas des ventes immobilières : la rémunération du notaire n'est pas proportionnelle au travail de rédaction de l'acte, mais au montant de la vente ! La même opération, la même charge de travail, peut donc rapporter plus ou moins.

Les recettes engrangées lors des ventes compenseraient les tâches chronophages et moins rémunératrices que l'État confie à ces officiers ministériels. Toutefois, sans le tarif, les notaires, dont l'immobilier reste l'activité principale, ne bénéficieraient pas du même train de vie. Les études affichent une rentabilité frisant 30 %, voire 35 %, un ratio à faire rêver tous les entrepreneurs !

La vraie justification du tarif, et du confort qui en découle pour le notaire, est ailleurs : « La vertu nécessite de ne pas avoir faim », explique Dominique Garde, vice-président sortant du CSN. Autrement dit, une étude est un lieu de tentation et la meilleure façon de s'assurer qu'un notaire ne va se laisser aller à piocher dans la caisse de ses clients serait encore... qu'il n'en ait pas besoin.

Mais s'arrêter à ces chiffres statistiques serait insuffisant. Parmi les notaires, il y a des disparités. Ainsi, ceux qui exercent dans les grandes villes, notamment à Paris où l'immobilier reste une manne, sont privilégiés. La plus riche étude a réalisé pas moins de 7 394 451 euros de bénéfices en 2006. La profession a fait savoir l'année dernière à ses troupes parisiennes que dans le contexte de crise immobilière actuelle, il serait de bon ton de taire le montant de leurs bénéfices, histoire de ne pas tendre les relations avec leurs confrères de province plus durement touchés par la crise.

Par ailleurs, les plus « rentables » des officiers ministériels sont ceux installés en SCP, c'est-à-dire en cabinet, comme c'est le cas pour près de 74 % d'entre eux : la moyenne de leurs bénéfices s'élève à 319 000 euros contre 260 000 euros pour ceux exerçant en individuels. Pour ces associés, toutefois, la rançon du succès est parfois la dégradation des conditions de travail. Ainsi, dans le Val-de-Marne, deux des quatre notaires associés ne se parlent plus autrement que par lettres recommandées avec accusés de réception. Ils évitent par ailleurs soigneusement de se croiser et empruntent, pour ce faire, des entrées différentes de l'étude. La brouille est née d'un différend sur la participation de chacun à la constitution d'un trésor commun, mais aussi et surtout d'un problème sur le partage des dividendes, exercice parfois difficile.

Limiter la rémunération des notaires aux mieux lotis ne serait toutefois pas révélateur de la situation globale. D'abord, la pêche au trésor peut demander de longues années et, de plus, il y a chez les notaires une grande variété de statuts : des stagiaires et des titulaires, des assistants et des associés, et même des salariés et des chômeurs. En un mot, des notaires installés, vivant bon train, et des notaires sans charge, un peu moins gâtés.

Selon la convention collective du notariat, le notaire salarié le mieux payé est référencé « cadre 4 » ; il est supposé toucher 4 644 euros mensuels. S'il est référencé « cadre 2 ou 3 », le notaire salarié touche de 3 300 à 4 155 euros bruts mensuels, selon la grille notariale des salaires. Ces chiffres sont – en principe – revalorisés de 5 % pour Paris. Quelques grosses études au chiffre d'affaires bien assis délivrent à leurs salariés des primes annuelles, une sorte de « treizième et quatorzième mois », en novembre. Tout en bas de l'échelle des notaires vient le « cadre 1 » qui, lui, après deux ans de stage, ne touche « que » 2 689 euros mensuels bruts. Mais son appartenance à cet univers lui ouvre la porte de certaines banques à des taux très avantageux. Ainsi, pour une accession à la propriété principale, les salariés du notariat bénéficient de prêts allant de 0,2 % (hors assurances) à 3,5 %.

Les instances de la profession connaissent parfaitement ces disparités internes, ainsi d'ailleurs que les comptes de l'ensemble des études : en effet, tous les ans, les chambres départementales notariales éditent en début d'année un classement interne. À travers les statistiques de l'année précédente sont notamment passées au crible différentes données : le chiffre d'affaires de chaque étude du département, son effectif en personnel, réparti en catégories (cadres, employés et techniciens), ses charges sociales et salariales, et enfin le nombre d'actes réalisés. Les études sont ensuite classées, par exemple sur Paris, selon une échelle allant de 1 à 5, le sommet du classement étant occupé par les études notariales les plus rentables, et donc les plus influentes.

À la lecture de ces chiffres, le président de chambre peut inciter une étude particulièrement prospère, qui réalise un très grand nombre d'actes par notaire, à s'adjoindre les services d'un autre notaire titulaire – puisque les listes d'attente pour accéder au poste suprême sont fournies. Mais souvent les notaires en place résistent, peu désireux de partager leur rente. « Cela fait plusieurs années que j'écris à l'un de nos membres, se plaint le président de la chambre des notaires de Paris. Il me répond qu'il y pense, mais ne fait rien. Je n'ai malheureusement aucun moyen de le contraindre. »

17

Les comptes troubles du CSN

Le pot aux roses a été découvert il y a déjà près de quatre ans : le CSN s'est lancé dans les affaires, et pas à moitié ! Au fil des ans, il a édifié un véritable empire financier, avec une holding chapeautant une vingtaine de sociétés pour un chiffre consolidé de plusieurs milliards d'euros. Ses activités : distribution de produits d'assurance vie, courtage en assurances, marchands de biens, prêts bancaires, société informatique, investissements en tout genre... L'impressionnant montage sur lequel tombe, presque par hasard, le gouvernement laisse alors les conseillers ministériels pantois.

C'est le ministère de l'Économie et des Finances qui a levé le lièvre. En 2005, à l'occasion d'une opération de concentration, la direction générale de la Concurrence, de la Consommation et de la Répression des fraudes (DGCCRF) est consultée. Il s'agit d'une formalité obligatoire. La holding SAS Financière Thémis apparaît alors au grand jour. Bercy transmet ce dossier délicat à la Dacs, en charge des professions réglementées, et donc des notaires au ministère de la Justice. Pour la Chancellerie, l'affaire est scandaleuse, contraire à la haute idée que l'on se fait, au sommet de l'État, de la déontologie du notariat.

Le fleuron de cet empire financier dans lequel le CSN est ultra-majoritaire, c'est en effet la SAS Unofi, l'Union notariale financière, une entreprise qui propose des produits d'assurance vie et de placements divers que les notaires vendent à leurs clients... contre rétribution. La confusion entre les gains de la profession et les missions du notaire, en principe désintéressé dans ses conseils, est gênante. Cela s'apparente à un conflit d'intérêts. En effet, le décret du 19 décembre 1945 qui porte « règlement d'administration publique pour l'application du statut du notariat » énonce certaines interdictions faites à la profession, parmi lesquelles celle qui consisterait pour les notaires à se livrer « soit par eux-mêmes, soit par des personnes interposées, soit directement, soit indirectement, [...] à aucune spéculation de Bourse ou opération de commerce, banque, escompte et courtage ».

Depuis cette découverte, le ministère de la Justice harcèle le notariat : va-t-il sortir de cette situation peu convenable ? Dans un premier temps, on cherche un gentlemen's agreement, dans le plus grand secret. En 2007, une première opération de cession capote. En décembre 2008, le président du CSN de l'époque, Bernard Reynis, assure qu'il est sur le point d'aboutir et de « déboucler » les positions de la profession dans cet enchevêtrement financier. Nouvel échec.

Les pressions de la Chancellerie s'accentuent. Le contexte politique s'est tendu, le gouvernement envisage de confier aux notaires la procédure de divorce par consentement mutuel. Les officiers ministériels veulent se poser en « juges de l'amiable ». Difficile, dans ces conditions, d'apparaître comme de vulgaires commerçants à la limite de la légalité ! Les lettres comminatoires des services du garde des Sceaux se succèdent avec la même inutilité. Juillet 2007, avril 2008, avril 2009... La dernière du genre, qui émane du cabinet et porte la signature de François Mollins, date du 18 novembre 2009. Le magistrat s'y montre formel : « Le règlement d'une situation sur l'anormalité de laquelle nous avons attiré votre attention à plusieurs reprises ne saurait être plus longtemps repoussé. » Dans les couloirs du ministère, on s'impatiente. « Les notaires se conduisent comme des pizzaiolos ! » commente, agacé, l'un de ceux qui sont en charge du dossier.

À l'Assemblée également, des parlementaires s'étonnent de la situation. Dans une interpellation au ministre de la Justice, le député PS du Bas-Rhin Armand Jung souligne que s'impose un « rappel à l'ordre du CSN en ce qui concerne l'Unofi, dont les liens étroits avec le notariat risquent d'altérer l'objectivité des conseils donnés aux clients : la clientèle des notaires, précise l'élu, est souvent constituée de personnes sans défense, de personnes très âgées notamment, et la raison d'être du statut d'officier public est de garantir l'impartialité du notaire ». Dans une réponse écrite parue au *Journal officiel* le 22 juillet 2008, la Chancellerie réitère l'interdiction de telles pratiques.

Mais les missives du garde des Sceaux, pourtant tutelle des officiers ministériels, ne pèsent pas lourd face aux colossaux enjeux financiers. À La Tour-Maubourg les notaires se sont lancés dans la haute finance. Les pouvoirs publics ont beau jouer les vierges effarouchées, ils se réveillent un peu tard : l'aventure ne date pas de la veille.

Pour comprendre l'implication des notaires dans le monde des affaires, il faut remonter à Claude Mineraud. Cet octogénaire multimillionnaire aux idées plutôt progressistes reste totalement inconnu du grand public, mais il fait partie des deux cents personnes les plus fortunées de l'Hexagone, avec un portefeuille évalué, en 2001, à près de 200 millions d'euros. Pendant des années, cet homme mi-empereur, mi-alchimiste va, en s'appuyant sur le notariat, transformer toutes ses idées en or massif. Au commencement, on a affaire à un simple courtier, jusqu'au jour, il y a quarante ans de cela, où La Sécurité Nouvelle (LSN) remporte le contrat de la responsabilité civile professionnelle des notaires. Claude Mineraud materne ses principaux clients, il leur propose des complémentaires maladie ou des assurances décès. Bref, il prend en main – et quelle main – la profession.

Le bonhomme sait y faire. Il convie à sa table, réputée à travers Paris, les éminences du notariat ; il cajole les personnalités qui comptent, comme le notaire, ancien ministre et sénateur Alain Lambert, mais aussi l'ancien commissaire général au Plan et secrétaire perpétuel de l'Académie des sciences morales et politiques Michel Albert. Aux échéances de renouvellement des contrats, il organise systématiquement de grands déjeuners dans la salle à manger de LSN. Même s'il ne boit pas de vin, il fait servir pour l'occasion de grands crus par un homme de confiance, son chauffeur, promu sommelier en la circonstance. Car pour Claude Mineraud, autre constante de sa personnalité, chaque euro compte.

Petit, mince, la mâchoire proéminente, les yeux bleus derrière des lunettes cerclées, les cheveux gris et drus, l'homme exerce, pour certains, « une sorte de pouvoir hypnotique » sur ses interlocuteurs. Sa tenue d'élection consiste en un costume bleu marine, avec une cravate dans les tons sombres sur une chemise claire ; l'hiver, il porte un manteau et une écharpe en cachemire bleu. Il appelle cette tenue sobre l'« allure LSN ». Elle n'est d'ailleurs pas loin d'être devenue l'uniforme de ses troupes, fidèles, mais qui, surtout, redoutent ses critiques virulentes en cas de débordements vestimentaires. « Il a une force de travail incroyable », témoigne un de ses anciens collaborateurs, tandis que d'autres évoquent les colères homériques de cet amoureux fou de Platon et de Nietzsche : des accès de fureur calculés également pour garder la main sur ses affaires et réaffirmer qu'il est le seul à détenir le pouvoir. Le seul.

À la fin des années 1980, il souffle à Luc Dejoie, le président du moment du CSN, une idée qui va se révéler être une idée de génie. Cette fois, il veut s'attaquer au patrimoine des clients des études notariales. Il envisage de leur proposer des produits de placement, mais aussi des crédits immobiliers. « Luc Dejoie a réuni quelques-uns d'entre nous, en petit comité, pour nous consulter, raconte un ancien de la profession. La plupart d'entre nous étaient opposés non pas à l'idée de proposer des produits de placement à la clientèle des notaires, mais au principe de "fabriquer" nous-mêmes ces produits. »

L'Unofi est quand même née. Le CSN en détient alors près de 90 % des parts, Claude Mineraud restant un actionnaire minoritaire mais extrêmement actif. À l'époque, la gestion de patrimoine n'en est qu'à ses balbutiements sur le marché. Le succès de l'Unofi est immédiat, surtout en province. Progressivement, le concept s'étend : l'Unofi propose des assurances vie, mais aussi toutes sortes de placements, notamment dans la pierre. Des équipes se déplacent dans les études pour proposer un conseil personnalisé et global aux clients. Les offices sont intéressés au mécanisme, puisqu'une rétribution – pas nécessairement une commission – est versée au notaire sur les sommes collectées. Comme l'a deviné Claude Mineraud, l'idée de voir les responsables notariaux participer à la stratégie de gestion des placements inspire confiance aux clients. Le concept permet également à l'officier ministériel de ne pas vanter un vulgaire produit commercial, mais une solution marquée au coin du sérieux notarial. Les affaires prospèrent. Explosent, même ! À titre indicatif, en 2006, avant la crise, l'Unofi collecte près de 1,5 milliard d'euros. En 2007, le bilan consolidé de la société affiche un solde positif de plus de 4 milliards d'euros, c'est-à-dire en hausse de 12,5 % par rapport à 2006.

Claude Mineraud n'est décidément pas un chef d'entreprise comme les autres. Ceux qui ont travaillé à ses côtés ont été marqués par ses discours – toujours prononcés sans notes – mêlant étroitement philosophie et politique. Des années plus tard, des formules ou des mots reviennent dans les récits des uns et des autres : « Il y a une absolue nécessité de faire », « Il est interdit de penser négatif », mais aussi les mots « millimètre » et « politique », le premier parce que tout doit être précis, le second parce que, pour cet homme secret, tout est politique dès lors que les notaires sont impliqués. Comme pour beaucoup de dirigeants de sa génération, ses seuls outils de travail sont restés la gomme et le crayon. En revanche, il passe son temps au téléphone, menant souvent deux conversations simultanément. En dépit des parcours souvent impressionnants de ses plus proches collaborateurs, il délègue fort peu, ne fait confiance à personne et contrôle tout. Le résultat est toutefois à la hauteur de ses exigences. « Dans cette entreprise, tout fonctionne impeccablement, témoigne un notaire admiratif, pourtant lui-même à la tête d'une étude puissante et organisée. On pose une question, on a la réponse deux heures plus tard... »

Pourtant l'idylle entre Claude Mineraud et les notaires va connaître un sérieux accroc. En 2007, le petit courtier devenu grand entreprend de céder des parts de sa société de courtage historiquement liée au notariat à un investisseur londonien. Auparavant, l'homme a déjà tenté de préparer l'avenir en vendant ses parts au CSN et à Axa, mais l'affaire a tourné court. Cette fois, la frayeur gagne la profession. Les notaires ont le sentiment d'être « vendus ». Il faut dire qu'entre-temps, la firme de courtage est devenue le dixième groupe de la branche assurances et réassurances en France, et les notaires sont bien conscients que c'est grâce à eux. Quelques régions décident de faire sécession. Des présidents de conseil ne veulent plus confier leur contrat d'assurance à Claude Mineraud et donc à LSN ! Dans certaines régions, Gras Savoye – l'un des concurrents de LSN – avance ses pions. Le CSN décide de réagir. Il emprunte 24 millions d'euros – répartis à parts égales entre deux banques, HSBC Hervet et Neuflize OBC – pour racheter lui-même les parts de la société de courtage vendues aux Anglais. Les grandes manœuvres ont commencé.

Pour libérer des capitaux, le CSN cède une partie de ses actifs dans l'Unofi. Axa entre au capital. On ouvre également le capital de l'Unofi à ses collaborateurs, ainsi qu'à l'ensemble des notaires. Les affaires peuvent reprendre leur cours. Toujours aussi discrètes et juteuses. Les comptes de LSN accusent à leur tour du bonus. Ainsi, le résultat net de l'exercice 2008 est de plus de 10 millions d'euros, triplant le précédent (3 312 261 euros). Lors de l'assemblée générale de mai 2008, les actionnaires ont approuvé la distribution de 3 311 703 euros de dividendes, performance supérieure de 121 % à celle de chacune des deux années précédentes ! Fin juin 2010, le conseil supérieur a cédé 88 de ses parts, après d'âpres négociations, à Diot SA.

Mais hélas, au cours des dernières années, Claude Mineraud ne s'en tient pas là. Il se lance dans une ultime aventure. Sa dernière fulgurance se transforme en défaillance. L'entreprise qui va faire trébucher le molosse créé par le grand financier s'appelle Mnémosyne. Baptisée du nom de la déesse de la mémoire, la firme en question doit, dans l'esprit de son concepteur, s'imposer comme la société de service informatique de référence du notariat. En effet, l'informatisation est un enjeu majeur pour les notaires, qui ont développé en la matière un savoir-faire hors du commun. À intervalles réguliers, les études, poussées par les instances supérieures de la profession, investissent dans le matériel et les services. Créée en 2003, Mnémosyne est un éditeur de logiciels de gestion d'étude et de traitement des actes notariés. Mais elle n'est parvenue à ramasser que des miettes sur un marché dans lequel ses concurrents ont plusieurs longueurs d'avance. « Mnémosyne a été la seule mauvaise affaire de Claude Mineraud, mais elle nous a coûté cher ! » analyse un notaire encore amer. En effet, cette fois, l'entreprise tourne au vinaigre.

« Arrivant un matin au Conseil supérieur du notariat comme toutes les semaines, raconte un ancien délégué régional, je vois une sorte de garde du corps devant l'entrée. "Rentre vite, me dit-on, les salariés de Mnémosyne vont manifester !" » Au CSN, plutôt réputé pour la générosité manifestée à l'égard de ses membres, on n'est pas franchement habitué à de tels mouvements sociaux. L'été 2009 n'a pas été de tout repos pour Jean-Pierre Ferret, alors président du CSN. Il est alors dos au mur. Malgré les 35 millions d'euros investis dans l'affaire, Mnémosyne a subi près de 10 millions d'euros de pertes ! Et les bilans prévisionnels annoncent un creusement du déficit de 12 millions d'euros l'année suivante... Afin de préserver l'image du notariat dans ce naufrage industriel, Jean-Pierre Ferret choisit la voie d'une liquidation amiable. Mais l'addition est lourde. Près de cent vingt salariés restent sur le carreau. « Il n'y aura pas d'appel aux cotisations des confrères pour combler le trou », assure Benoit Renaud, désireux de rassurer des troupes déjà échaudées par leurs propres difficultés face à la crise.

Le CSN a donc besoin d'argent, de beaucoup d'argent. C'est ce qui le pousse, entre autres, à accélérer les cessions promises depuis si longtemps à la Chancellerie... Pour ce faire, les dirigeants du CSN tentent de reprendre les clés de la maison des mains de Claude Mineraud. Ce combat est sans merci :

Claude Mineraud, tout actionnaire minoritaire qu'il est, a une minorité de blocage. Il a toujours su garder le pouvoir.

Depuis 2005, l'ensemble des pièces de ce puzzle (essentiellement LSN, Unofi et Mnémosyne) a été regroupé au sein de la SAS Financière Thémis, détenue à plus de 71 % par le CSN, et à un peu plus de 28 % par le groupe familial de Claude Mineraud. Mais cette holding, dont le CSN ne peut se retirer avant 2015 – les statuts l'interdisent –, est dirigée par l'incontournable Claude Mineraud. Le P-DG, qui ne compte par ailleurs pas moins de vingt mandats dans les différentes structures du groupe, est même provisoirement irrévocable – avantage obtenu lors d'une convention d'associés en mars 2006 –, de sorte que jusqu'au 29 mars 2010 on ne peut rien faire sans lui.

Jusqu'au bout, il bloquera le jeu. Claude Mineraud n'est pas pressé d'en finir avec l'histoire de sa vie. Fin 2009, il s'engage, par écrit, à rendre les rênes au CSN. « Mais ce n'est qu'un bout de papier ! Avec lui, on ne sait jamais », s'inquiète alors un membre du CSN. Le P-DG est, il le sait, capable de jouer la montre... Tous l'ont vu au cours de sa longue carrière faire traîner des comités de direction, tant qu'il n'a pas obtenu gain de cause, de l'aube à l'heure du thé. Plus roué qu'un « paysan malin », pour reprendre la description qu'en fait un de ses anciens collaborateurs, il sait présenter un chiffre d'affaires prévisionnel en l'habillant de multiples costumes, passant du chiffre d'affaires « réalisé » au chiffre d'affaires

« probable », sans oublier le chiffre d'affaires « possible », le chiffre d'affaires « certain » ou encore le chiffre d'affaires « attendu » ! Et quand ce n'est pas la force de ses arguments qui vient à bout de ses opposants, il ne s'interdit pas de jouer de leur patience.

Les dirigeants du CSN n'avaient pas tout à fait tort de craindre les ennuis : le 1er avril 2010, ils reçoivent une lettre de démission peu ordinaire. Le courrier fixe le départ de Claude Mineraud au 9 avril à minuit, jour de ses soixante-dix-neuf ans. Mais le potentat n'abandonne pas toutes ses prérogatives, au contraire : sa démission est accompagnée d'une lettre pleine d'emphase des notaires qui dirigent les filiales de l'Unofi, ses soutiens – nommés, à l'époque, par lui. Ceux-ci montent à leur tour au créneau et affichent leur désaccord total avec la politique des dirigeants du CSN : « Quelles forces occultes, malfaisantes ont [...] décidé, après il est vrai de douteuses tentatives de déstabilisation de la profession, que ce qui était bon il y a près d'un quart de siècle deviendrait aujourd'hui un poison, alors que la réglementation n'a pas changé ? Qui pourrait avoir intérêt à pousser le notariat à se priver d'un atout qui lui apporte une puissance que nos adversaires envient ? » écrivent-ils dans un courrier adressé, selon leur expression, « de tous les coins de France le 23 mars 2010 ». Ils insistent : « Unofi gêne parce qu'elle a grossi, parce qu'elle est une puissance, un fleuron du notariat, et sa destruction serait une victoire de nos adversaires pire que l'acte sous seing privé contresigné par avocat. » Pour eux, comme pour une partie des leaders de la profession, le notariat doit rester majoritaire dans le capital de l'Unofi, quelles que soient les pressions de la Chancellerie.

Malgré tout, les négociations entamées depuis de longs mois se poursuivent avec le groupe Axa, qui devrait monter en puissance au sein de l'Unofi. Les statuts de l'entreprise prévoyaient d'ailleurs cette issue. Le CSN souhaiterait faire monter Axa de 28 % à 56 % du capital. La difficulté reste de ne pas couper les ponts entre l'Unofi et les notaires. Car, sans le réseau de distribution historique et unique que constituent les études, l'Unofi ne pèse pas le même poids. Les estimations de l'entreprise varient d'ailleurs beaucoup, entre 150 et 200 millions d'euros (la vente pourrait se faire autour de 175 millions). Et là, le notariat envisage de faire porter les parts que la profession conserverait par la Fondation des notaires de France – laquelle perçoit depuis quelques années les dividendes de l'Unofi... Une façon, au moins, de sauver les apparences.

18

L'Internationale des notaires

À Bruxelles, on ne défend pas des territoires, mais des milliards. Des armées de lobbyistes se battent sans effusion de sang apparente, mais avec férocité, à coups de rapports, d'expertises, de livres « verts » ou « blancs », selon le vocable consacré de la Commission européenne. Dans les dédales de l'Europe, l'arme suprême, ce sont les mots que les groupes d'intérêt parviennent à placer dans les textes. De simples mots, qui peuvent avoir des conséquences insoupçonnées.

En théorie, ce sont des armes que savent parfaitement manier les notaires, ces experts en travaux et rapports en tout genre dont chacun s'accorde à reconnaître le sérieux. Et pourtant, à Bruxelles, ces maîtres dans l'art de tisser des réseaux d'influence n'occupent pas une place enviable dans les préoccupations de la Commission. Or c'est pourtant dans les arcanes de l'Europe que se joue une bonne part de leur avenir...

Au cours de leurs longues semaines d'audition, les membres de la commission présidée par Jean-Michel Darrois, chargés à la fin de 2009 d'étudier la viabilité d'une « grande profession du droit », ont pu s'en rendre compte. « Nous avons entendu plusieurs responsables des directions concernées, raconte l'ex-garde des Sceaux Henri Nallet. Et nous avons eu clairement le sentiment que la machinerie de la Commission reste opposée à ce système, où les notaires sont délégataires d'une autorité de service public. Pour eux, l'acte authentique est une survivance. La bataille des fonctionnaires de la Commission contre ce qu'ils estiment être les privilèges des notaires n'est pas finie ! Bien que la plupart des pays européens aient un système proche du nôtre, ces fonctionnaires continuent à mouliner leurs convictions. »

En réalité, à Bruxelles, la survie des notaires se joue sur une expression – encore des mots : l'enjeu est de déterminer si ces officiers ministériels sont bien « délégataires de l'autorité publique ». Car la Commission pense avoir repéré une faille potentielle dans le statut notarial tricolore. En effet, les notaires imposent à tous les candidats à la profession qu'ils soient de nationalité française. Les fonctionnaires européens estiment qu'il s'agit là d'une discrimination. Un sujet, s'il en est, avec lequel ils ne plaisantent pas. La Commission a donc entamé contre la France ce qu'elle appelle dans son jargon une « procédure en manquement ». Toutefois, les Français ne sont pas seuls à être montrés du doigt : sept autres pays européens font l'objet des mêmes remontrances.

À y regarder de plus près, la condition de nationalité n'est que l'arbre qui cache la forêt. Derrière cette question, c'est *in fine* tout le statut du notariat français qui est en jeu. Une fois de plus, le modèle latin et le modèle anglo-saxon s'affrontent. Si la Commission s'est attaquée à la question de la nationalité, c'est qu'elle n'a pas apprécié que le notariat soit, *in extremis*, « sorti » de la directive service de 2006. Une victoire dont Pascal Clément, alors ministre de la Justice, n'est pas peu fier. « Dire que cela n'a pas été facile est un euphémisme, se rappelle l'ancien garde des Sceaux. Il faut se souvenir du contexte. Nous étions dans l'idée du libéralisme à tout prix... Mais nous y sommes parvenus ! » Pour autant, la machine européenne n'a pas renoncé à imposer aux notaires ses vues libérales. Elle a donc attaqué la montagne par un autre flanc.

« La condition de nationalité n'est pas leur souci premier, décrypte Bernard Reynis, ancien président du Conseil supérieur du notariat, qui a dirigé le Conseil des notariats de l'Union européenne (CNUE). La Commission cherche simplement, par ce biais, à faire juger par la Cour européenne que les notaires n'exercent aucune activité d'autorité publique, de façon ensuite à les réintégrer dans la directive service. » Or, si les notaires « entrent » dans cette fameuse directive, leur activité deviendra une activité libérale comme les autres. Dès lors, elle devra répondre aux mêmes lois et impératifs du marché que tous les pans de l'économie. Autre option, douloureuse également pour la profession : la Cour pourrait au contraire reconnaître la délégation d'autorité publique des notaires et en tirer les conclusions maximales, estimant que ce statut leur interdit de se livrer à toute activité commerciale.

Bien évidemment, la France et ses notaires ne sont pas du tout sur la même ligne. Paris argue que les notaires ne recrutent que des membres de nationalité française parce qu'ils sont officiers ministériels. Le mémoire en défense de la France, rédigé par la direction des Affaires juridiques du ministère des Affaires étrangères, n'hésite d'ailleurs pas à qualifier les notaires de « magistrats de l'amiable », expression tirée de la littérature historique notariale qui, espèrent les rédacteurs, aura le pouvoir de convaincre les sages européens. Car le mot « magistrat » figure, lui aussi, sur la liste des mots-clés. La Commission reconnaît en effet déjà aux magistrats – au sens classique du terme, cette fois, c'est-à-dire aux juges – un statut particulier. Si les notaires entraient dans la catégorie des magistrats, ils seraient sauvés. La décision sur cette question de la nationalité ne devrait intervenir qu'en fin d'année 2010 ou tout début de 2011.

Cette récente offensive européenne est loin d'être la première. Les notaires ont d'ores et déjà eu à se justifier sur le plan économique. En décembre 2007, Neelie Kroes, alors commissaire à la Concurrence, lance une attaque en règle contre le système notarial. Le rapport qu'elle a commandé à un institut allemand de Brême dresse un piètre tableau des performances notariales pour les transferts immobiliers. Les chercheurs les taxent de services « standardisés » et fustigent leurs prix élevés. « On peut se demander si l'intervention obligatoire de professionnels juridiques est effectivement nécessaire dans les transactions de biens standard », écrivent les auteurs de cette étude, ajoutant même clairement : « Les droits exclusifs des notaires en matière de transfert de biens ne se justifient pas [...] étant donné que les transactions immobilières sont, dans une large mesure, standardisées, et les avocats possédant une licence en droit général et une formation juridique, ainsi que les professionnels spécialisés [...] devraient être admis à pratiquer ces transactions. » Il y a un peu plus de deux ans, en quelques pages, le rapport de cet institut sape donc tous les fondements du système notarial à la française. Et les chercheurs d'enfoncer le clou et de préciser, plus loin : « Les résultats sont frappants [...] : les pays du système notarial latin traditionnel sont en moyenne, et en particulier pour les valeurs transactionnelles élevées, beaucoup plus chers que les autres systèmes. » Fermez le ban !

Il n'en faut pas plus pour inciter les avocats français à réclamer aux pouvoirs publics l'ouverture du juteux marché des transactions immobilières. Les notaires rétorquent en combattant le mal par le mal. Puisque Neelie Kroes et l'institut de Brême vantent les mérites du système libéral anglo-saxon, ils commandent à un chercheur, un Anglo-Saxon de Harvard, un travail sur le même sujet. Sans surprise, le professeur Murray parvient à peu près aux conclusions inverses : « Rien ne prouve, estime-t-il, en prenant l'exact contrepied des chercheurs allemands, que la déréglementation des services de transfert immobilier conduirait à un coût moindre ou à une efficacité plus grande pour le consommateur. Le contraire semble être vrai. » La science économique a ses mystères. Pour l'instant, l'affaire en reste là auprès de la Commission.

Le notariat, lui, tire la leçon de ce désagréable événement et imagine une parade. Plusieurs textes européens mentionnent l'acte authentique, cet acte quasiment incontestable, qui a une force exécutoire (on peut en demander directement l'application) et qui est rédigé uniquement dans les offices notariaux, notent-ils. Aussi décident-ils habilement d'en tirer parti, et obtiennent de Rachida Dati, alors garde des Sceaux, l'inscription de la création d'un « acte authentique européen » au programme de Stockholm, c'est-à-dire, dans le jargon européen, au titre des réalisations à venir. Les actes authentiques (comme une vente, ou un contrat de mariage par exemple) réalisés par les notaires français seraient ainsi valables en Allemagne, en Italie ou dans n'importe quel pays de l'Union européenne. De même, les notaires français s'engageraient à reconnaître la validité des actes réalisés par leurs confrères des pays voisins. Une façon d'imposer à la Commission une forme de reconnaissance de l'activité des notaires et de s'incruster coûte que coûte dans le paysage européen pour ne plus pouvoir en être délogés. La tactique est claire : plus le champ de l'acte authentique est large, moins il risque à l'avenir d'être attaqué.

Le CSN imagine la même stratégie au niveau mondial. Il mise sur la conquête des autres continents, bien décidé à prouver toute la pertinence du modèle français en l'exportant à travers la planète.

La vision mondiale de la problématique notariale, c'est d'abord Jean-Paul Decorps qui la porte. Cet ancien président du CSN sait depuis toujours l'épée de Damoclès suspendue sur la profession. Puisque « partout où il y a du droit latin, il y a des notaires », il lui semble évident que pour consolider le modèle du notaire à la française, il faut l'étendre, faire la preuve de l'utilité des notaires par leur nombre. « J'ai toujours eu le sentiment que nous étions en position de défense. Tout comme au football, la meilleure défense, c'est l'attaque », telle est sa devise. À la fin de la décennie 1980-1990, il scrute les effets de la chute du mur de Berlin. L'événement historique le passionne et le touche même personnellement. À treize ans, il a fait un stage linguistique à Berlin, au moment où le Mur s'élève. Plusieurs dizaines d'années plus tard, c'est avec un regard de professionnel qu'il observe l'histoire se jouer devant lui. Derrière le mur, songe-t-il avec convoitise, une vingtaine de pays de l'Est ont une culture latine... donc un droit latin !

À la fin des années 1990, l'Asie sombre dans la crise économique. « Là-bas, explique Jean-Paul Decorps, les Américains étaient très mal vus. Ils étaient désignés comme les fauteurs de cette catastrophe économique pour avoir inondé de façon outrancière cette région du monde de leurs dollars. » Il se lance alors – avec un succès incroyable et inattendu – à la conquête de la Chine en créant un centre sino-français de formation et d'échanges notariaux, qui est aujourd'hui l'une des grandes fiertés du Conseil supérieur. En Chine, la greffe est fulgurante : dix-huit mille notaires « à la française » poussent dans l'empire du Milieu – où une loi de 2005 crée le notariat. Cette magnifique vitrine commerciale pour le notariat *made in France* suscite déjà la curiosité d'autres États.

« Lorsqu'on nous conteste dans notre propre pays, montrer notre efficacité à l'international est un argument de poids », telle est la leçon que tire Stéphane Zecevic, jeune notaire parisien, membre de l'équipe internationale. Cette politique est même devenue un axe prioritaire des instances notariales. Une petite dizaine de permanents, ainsi qu'une vingtaine de notaires, travaillent désormais à cet objectif. « Nous nous sommes réparti les missions à travers le globe, et tous les mois nous faisons le point des avancées obtenues, des ministres rencontrés, etc. », explique l'un des participants.

Le CSN part en entrepreneur à la conquête du monde, en répondant aux appels d'offres des gouvernements, en réalisant des audits et en montant des consortiums. Le système notarial à la française a été modélisé, conçu comme un produit à importer clé en main ou, en cas de besoin, à adapter. Au Vietnam, le

CSN est intervenu aux côtés de la société informatique Bull pour la numérisation des registres, mais aussi de l'Institut géographique national (IGN) pour la cartographie des sols. « Notre point faible, avoue pourtant l'un des coopérants, c'est le financement de ces projets. Alors que les Américains et même les Allemands exportent leur droit à coups de millions, nous n'apportons pas aux gouvernements de solutions budgétaires. »

Au cours de ces derniers mois, le Conseil supérieur a décidé de donner un coup de fouet au projet. La « cellule internationale » a lancé une opération séduction auprès de la Banque mondiale et auprès de l'ONU. Les notaires veulent être identifiés comme des experts du transfert de propriété et être sollicités pour les missions de ces deux organismes prestigieux à travers le globe.

Le notariat ne s'en tient pas là. Il conceptualise sa démarche. « Nous avons compris que notre cœur de métier est le titre », explique ainsi Didier Nourissat, notaire devenu spécialiste du continent africain. Le « titre », voilà un autre mot-clé : titre de propriété ou titre d'occupation d'une terre – pour les pays qui ignorent le droit de propriété, c'est en clair le papier qui atteste du droit durable d'occuper un sol.

Si, en France, les notaires sont les spécialistes des ventes immobilières, dans le monde ils veulent être les gardiens des transferts des titres. Le « titrement », vocable un peu barbare, recouvre des enjeux considérables à travers la planète. Didier Nourissat détaille :

« Imaginons un paysan qui entre en possession d'un certificat garantissant qu'une terre lui appartient (ou qu'il en a l'usage pour quatre-vingt-dix ans), il peut obtenir un crédit. Qui dit titre dit crédit, et donc développement de l'économie, et même des impôts. » En Afrique, élus et associations applaudissent avec enthousiasme à cette démarche. Le titrement a même été adoubé par Jacques Chirac, reçu le 19 mai 2009 par les responsables du CSN. Sa fondation a prévu toute une liste d'actions communes avec le CSN pour garantir les droits de propriété à travers le monde. L'ancien président de la République va ainsi ouvrir son carnet d'adresses international aux notaires français...

Le notariat ne perd jamais une occasion d'agir. Après la catastrophe qui a quasiment détruit Haïti, l'un de ses représentants s'est rendu sur place afin de proposer le savoir des notaires en matière de propriété foncière en vue de la reconstruction. Didier Nourissat, qui consacre désormais un tiers de son temps au développement de l'activité internationale, a même ciblé un nouveau défi politique : imposer la marque du notariat dans le débat naissant sur l'« accaparement des terres ». Il s'agit là des milliers de kilomètres carrés de terres des pays en voie de développement, vendues aux entreprises des pays riches qui partent à la conquête de nouveaux « greniers » pour nourrir leurs populations. « Il faut établir une charte de bonne conduite », proclame-t-il, projetant cette fois d'emmener le notariat français dans la cour des grands acteurs impliqués dans les débats éthiques mondiaux...

19

De Balzac aux *Tontons flingueurs* . l'image des notaires

« Vous voyez un homme gros et court, bien portant, vêtu de noir, sûr de lui, presque toujours empesé, doctoral, important surtout ! Son masque bouffi d'une niaiserie papelarde qui, d'abord jouée, a fini par rentrer sous l'épiderme offre l'immobilité du diplomate, mais sans la finesse, et vous allez savoir pourquoi. Vous admirez surtout un certain crâne couleur beurre-frais qui accuse de longs travaux, de l'ennui, des débats intérieurs, les orages de la jeunesse et l'absence de toute passion. Vous dites : "Ce monsieur ressemble extraordinairement à un notaire." Le notaire long et sec est une exception. Physiologiquement parlant, le notariat est absolument contraire à certains tempéraments. Ce n'est pas sans raison que Sterne, ce grand et fin observateur a dit : "Le petit notaire !" Un caractère irritable et nerveux, qui peut encore être celui de l'avoué, serait funeste à un notaire : il faut trop de patience, tout homme n'est pas apte à se rendre insignifiant, à subir les interminables confidences des clients, qui tous s'imaginent que leur affaire est la seule affaire. »

Honoré de Balzac, qui fut clerc de notaire pour répondre aux espérances de sa mère, avant de lui avouer son désir de devenir écrivain, dresse dans ce texte (qu'il donne à Léon Curmer pour *Les Français peints par eux-mêmes*, encyclopédie morale du XIXe siècle parue en 1841) le cruel et savoureux portrait d'une profession qu'il a observée de l'intérieur. *La Comédie humaine* regorge de ces « petits » notaires replets, qui ont fini par entrer dans la mémoire collective des Français. Le souvenir de Roguin, Cruchot, Guillaumin et autres officiers ministériels balzaciens à l'« accent monotone », « habitués à feindre beaucoup d'intérêt pour les personnes auxquelles ils parlent », ou encore « honnêtement niais », colle encore à l'image des officiers publics du XXIe siècle !

« Il faut tuer Balzac ! » se désespère Benoit Renaud. Tuer Balzac seul ne suffirait toutefois pas à redresser la barre, tant la littérature des XIXe et XXe siècles est imprégnée de notaires sulfureux ou alors ridicules... Labiche met en scène des personnages drolatiques et âpres au gain ; quand le notaire apparaît chez Flaubert (*Bouvard et Pécuchet*), c'est un homme cynique mû avant toute chose par l'argent (« Charmante ! dit le notaire en prenant la figure qu'il avait lors des contrats de mariage ») ; Eugène Sue, lui, choisit pour principal escroc des *Mystères de Paris* un notaire canaille, Jacques Ferrand. En comparaison, « tuer Balzac » ne serait pas rendre tout à fait justice à son œuvre, car l'écrivain, même s'il raille encore et encore avec un art irrésistible le métier, présente le notaire indélicat comme une exception à la règle : « Le notaire a deux manières d'être : attendre les affaires ou les aller chercher. Le notaire qui attend est le notaire marié, digne ; il est le notaire patient, écouteur, qui discute et tâche d'éclairer ses clients. Il est susceptible de voir tomber son étude. Ce notaire a trois saluts différents : il se tortille en s'inclinant devant le grand seigneur ; il salue en balançant la tête le client riche, donne un petit coup de tête aux clients dont la fortune se dérange ; et il ouvre sa porte sans saluer aux prolétaires. Le notaire qui cherche les affaires est le petit notaire à marier, il est encore maigre, il va dans les bals et les fêtes, il court le monde, il y prend des airs penchés, il s'y insinue, il transporte l'étude dans les nouveaux quartiers, et ne nuance pas ses saluts ; il saluerait la colonne de la place Vendôme » (*ibid.*).

Les médias modernes n'ont pas dressé du notaire un portrait beaucoup plus aimable. *Les Aristochats*, de Walt Disney, présentent par exemple l'homme de l'art sous l'apparence d'un vieillard, bien disposé certes, mais passablement décati : arrivant chez Adélaïde de Bonnefamille pour recueillir ses dernières volontés, le dos tout entier recroquevillé sur sa canne, Georges Hautecourt parvient tout juste à franchir l'escalier... Hors même du dessin animé, les professionnels des actes sont en général provinciaux et bourgeois, portant le nœud papillon à l'ancienne plutôt que la cravate. Thierry Lhermitte, incarnant

Hippolyte Pécheral dans *Le Zèbre*, a dû se faire à cet attribut un brin désuet, même si le sien est coloré – une fantaisie qui s'explique par la personnalité de ce notaire atypique, un « drôle de zèbre », réputé fantasque. Hippolyte Pécheral ne déplairait sans doute pas à Balzac. En effet, il n'a rien abdiqué sur le terrain de la passion. Personnalité complexe, ce notaire-là décide de séduire sa femme en se faisant passer pour un amant potentiel...

Le nœud papillon de Michel Serrault, alias Me Martinaud, lui, ne souffre aucune entorse à la sobriété. Il est aussi noir, aussi austère que le costume porté par le notaire et que sa chemise est blanche. Me Martinaud est soupçonné d'avoir violé puis tué deux fillettes. *Garde à vue*, sombre huis clos entre Lino Ventura, l'enquêteur, et Michel Serrault, souligne crûment les bassesses de ce notable. Le notaire des *Tontons flingueurs* est à peine plus recommandable, mais beaucoup plus truculent. Francis Blanche incarne Me Folace, un professionnel bon vivant et peu regardant, qui gère les affaires du « Mexicain », un truand notoire.

Dans tous les cas, on est loin du personnage qui inspire la confiance, le sérieux, le dynamisme et la modernité ! Ce personnage que les notaires aimeraient tant évoquer dans l'esprit du public. Tout récemment, beaucoup d'entre eux étaient affligés de lire dans le numéro de *Challenges* daté du 25 mars 2010, après les élections régionales, ce commentaire d'un ministre (anonyme) critiquant les affiches de la campagne : « C'est affreux, nous avions tous des gueules de notaire ! »

Le problème du notariat, c'est aussi qu'il est souvent absent du décor. Comme s'il n'existait pas. Le public assidu et massif des séries télévisées est privé d'en voir pour la raison que la majorité des productions sont importées des États-Unis, où les notaires ne font pas partie du système juridique, contrairement aux avocats, qui y tiennent le haut du pavé.

Le CSN se montre, aujourd'hui, particulièrement soucieux de ce déficit d'image. La profession multiplie les communications destinées à déplacer ces lignes de partage. Tous les ans, le CSN investit en moyenne sur deux grandes campagnes nationales, pour un minimum de 400 000 euros chacune. Au total, l'enveloppe consacrée à la communication représente 8 % du budget du CSN – c'est-à-dire pas moins de 2 800 000 euros environ.

En 2006, l'agence OMD a conseillé un programme ciblé sur les jeunes – qui a été conçu par la maison de production Label Télé – diffusé sur M6 et baptisé « T'as pas une minute ? ». Une campagne pleine d'humour croquant des scènes surprenantes mais pourtant véridiques (elles ont été recueillies auprès de professionnels) et utilisant des vecteurs de messagerie instantanée comme MSN, où l'on n'attendait pas les notaires. On a pu voir par exemple un jeune homme bénéficiaire d'un legs avec charge sortir d'une étude avec un python dans les bras – dont il devra désormais prendre soin s'il souhaite toucher son héritage...

Au printemps 2010, le notariat a pris la décision d'investir la Toile, où il pâtit d'une présence fort restreinte, et qui est pourtant un des lieux où l'on va puiser aujourd'hui l'essentiel des informations juridiques. Pour casser les vieux poncifs, il a imaginé un site – à consulter au second degré – mettant en scène Justin (prononcer à l'américaine : Jeustine), notaire rappeur depuis sa plus tendre enfance. On y voit des photos du notaire en culotte courte, passant des disques vinyle sur sa platine ou lisant le Code civil sous un arbre. « J' vis pas dans un palace / Avec une super blonde, / J'ai peut-être pas la tchatche / Des mecs en robe longue, / Ma popularité / S'arrête à mon quartier, / Mais mes conseils sont fiables, / Je suis incontestable », rappe Justin. Conscient de ses faiblesses, le CSN a voulu en jouer et a également publié des visuels clamant : « Votre notaire est sans fantaisie, ses honoraires aussi » ou : « La veste de votre notaire n'est peut-être pas du dernier cri, mais au moins il ne la retournera pas » ! Des slogans qui n'ont d'ailleurs pas toujours plu aux intéressés...

Mais le clou de la communication notariale, c'est l'événement sans précédent organisé le 28 janvier 2010 au Zénith : un véritable show à l'américaine. Ce jour-là, la vaste salle de spectacle parisienne n'abrite ni artiste ni star mais elle est bondée de... notaires. Les organisateurs ont même visé trop juste : le Zénith n'offre « que » six mille places. Or, plus de sept mille deux cents notaires – sur les quelque neuf mille que compte la profession – ont fait le déplacement. Il a donc fallu annexer la Géode et monopoliser une tente supplémentaire pour accueillir tous les participants. Les préparatifs de cette démonstration de force, destinée à en imposer dans l'opinion et vis-à-vis des pouvoirs publics, ont été réglés, comme toujours, au millimètre. La manifestation a d'abord été conçue dans le plus grand secret, avant l'été 2009. À l'automne, les responsables des instances régionales et départementales ont été invités à mobiliser leurs troupes. Des trains, des bus, des avions ont été réservés sans compter. À Paris, Jean-François Humbert, alors président de la chambre, a même donné à cet événement le caractère d'une assemblée générale, rendant ainsi la présence des notaires obligatoire, à moins d'une excuse valable derrière laquelle n'ont osé se retrancher finalement qu'une petite dizaine de membres sur six cent cinquante.

Le jour dit, le spectacle est à la hauteur des efforts déployés. Les membres du bureau du CSN descendent telles des stars au festival de Cannes les marches du Zénith, au milieu d'une salle surchauffée, avant de prendre place sur l'estrade. Le show peut commencer. Le public est réceptif : les notaires sont inquiets, ils se sentent menacés par le désir pressant de Nicolas Sarkozy de les voir se rapprocher des avocats, la crise a affaibli les études. « Les notaires passent à l'offensive ! » lance Jean-Pierre Ferret dans un discours de combat. Mais plus que l'« offensive » elle-même, c'est sa forme d'expression qui est exceptionnelle. Ce jour-là, le notariat fait son *outing*. Dans la salle, plusieurs milliers de notaires trépignent, sifflent et applaudissent. On est loin de l'atmosphère studieuse des habituels congrès notariaux !

Le Conseil supérieur veut aussi profiter de ce grand rassemblement, qui lui a coûté près de 750 000 euros, pour exposer ses pistes de développement, vantant à ses troupes les mérites de la spécialisation ou de l'activité de conseil. Mais sur le chemin du retour, on peut encore entendre des commentaires empreints de scepticisme, parfois même d'amertume. Car les notaires savent que leur avenir n'est pas tout tracé.

Depuis quelques années, le CSN sonde de façon systématique le cœur des Français, cherchant surtout à comparer la cote des notaires et celle des avocats. Le dernier sondage à ce jour – à usage interne et réalisé par l'institut d'études de marketing et d'opinion CSA en décembre 2009 – a donné aux notaires de nouvelles raisons de s'inquiéter : le notariat a perdu un peu du terrain qu'il occupait de façon naturelle dans l'esprit des Français en droit de la famille. Ce qui s'explique en partie par le basculement de la vie de couple dans le judiciaire – le domaine des avocats. Sans doute aussi les notaires, trop accaparés, du moins avant la crise, par l'immobilier, ont-ils délaissé les activités jugées moins lucratives. Les barreaux ont également gagné une autre bataille dans l'opinion : celle des prix. Le discours public des avocats tendant à insister sur le coût élevé des prestations notariées a porté. En deux ans, la perception des Français a changé sur ce point – preuve, une fois de plus, que la guerre se joue autant dans la communication que dans les faits.

Bien sûr, tout n'est pas noir dans le bilan qu'a présenté Roland Cayrol, président de CSA, aux responsables de la profession : 87 % des Français ont une bonne opinion globale des notaires – un très bon score, leur a-t-il précisé. Leur image est de ce point de vue bien plus favorable que celle des banquiers, qui arrivent en queue de peloton avec vingt points de moins que les notaires. C'est donc ce chiffre-là que le notariat exploite publiquement. On plébiscite également le système du tarif fixé par l'État (71 % d'opinions favorables).

Mais les notaires affichent aussi des faiblesses chroniques. Le public, par exemple, se plaint de ne pas comprendre le langage notarié. Près de la moitié des clients attendent en priorité du notaire qu'il « explique, simplement, ce qui peut être compliqué ». Le traitement des dossiers est perçu comme trop lent et les avis sont partagés sur la disponibilité du notaire. Près de la moitié des sondés (49 %) estiment en outre, selon cette étude, que cet officier ministériel ne traite pas tous ses clients de la même façon. La critique est loin d'être anodine, puisque le fameux tarif se justifie précisément par la même attention que doit accorder le notaire à tous les dossiers, gros ou petits. Le pire, sans doute, pour le notariat, c'est qu'il n'apparaît pas comme infaillible : seule 57 % de l'opinion estime que le notaire « ne fait pas d'erreur en général ».

L'analyse réalisée par CSA souligne d'autre part que les Français ne pensent à se rendre chez leur notaire que contraints, par exemple en matière immobilière. La reconnaissance du notaire est forte, mais uniquement dans son domaine d'activité traditionnel. Or c'est vers le conseil que le notariat veut se tourner pour conquérir de nouveaux marchés, des marchés où il exercera en concurrence avec les avocats, les fiscalistes, les experts-comptables, etc., et où, plus que jamais, il aura besoin d'une image de modernité. C'est aussi pour cela que les notaires ont décidé de sortir de leur réserve coutumière, de s'imposer, comme les avocats, dans les grands débats de société. « La commission parlementaire sur la bioéthique s'est demandé pourquoi nous souhaitions être auditionnés, s'attriste Benoit Renaud. Pourtant, c'est bien dans nos études que se posent beaucoup de ces questions, et nous sommes bien des spécialistes du droit ! »

Mais pour prendre place dans le grand bain médiatique, il reste aux notaires à résoudre une équation infernale : « Dans une société dont l'un des fondements essentiels devient la compétition, le notariat, avec son concept "un notaire égale un notaire", ne va-t-il pas apparaître comme décalé ? interroge Bernard Monassier. Dans tous les autres domaines, scientifique, médical, littéraire, politique, on a sacrifié au rite... » Toute la structure, et l'efficacité du notariat, est en effet aujourd'hui assise sur le collectivisme. Le notariat n'est pas seulement une communauté d'hommes (et de femmes, pour 25 %) qui se serrent les coudes, c'est aussi une savante construction, où l'intérêt général de la corporation prime l'intérêt particulier d'un seul de ses membres. C'est ainsi, par exemple, que les plus hauts dirigeants de la profession tournent sans cesse, n'exerçant que deux années de mandat. Beaucoup d'entre eux, pour brillants qu'ils soient, ne sont pas issus des plus puissantes études parisiennes mais, bien au contraire, d'offices de taille moyenne, sans signe distinctif. La mécanique notariale ne fonctionne pas sans cette notion de solidarité, voire d'égalitarisme. Le notariat n'aime pas voir une tête émerger, c'est contraire à ses principes. Or les médias, eux, vivent dans le règne de l'individualisme. Ils exigent des personnalités fortes et clairement identifiables. Ils consomment des « bons clients », et non des « hommes concepts ».

20

Et demain ?

Venelles, une petite bourgade perchée sur un rocher près d'Aix-en-Provence : c'est là que le notariat a installé son centre névralgique. Le centre de recherche des notaires s'étend aujourd'hui sur plusieurs milliers de mètres carrés. À côté du bâtiment central de facture classique, une belle bâtisse longiligne, tout en bois de teck et verre, a surgi. Malgré son aspect design, l'ensemble est une véritable forteresse. Le terrain fleuri est encerclé de barrières ultraprotectrices et de caméras de télésurveillance. N'entre pas qui veut dans cette entreprise hors norme vouée tout entière au développement du notariat. Les salariés eux-mêmes sont équipés de badges qui ne leur donnent accès qu'à une partie des locaux, ceux dans lesquels ils travaillent directement. Seules quatre personnes peuvent accéder au saint des saints, la salle des machines, un sas où plusieurs robots informatiques, qui forment selon le jargon notarial le « minutier central électronique », gèrent les transmissions dématérialisées des actes et surtout leur stockage sécurisé. Car l'Association pour le développement du service notarial (ADSN) – « Venelles », dans le jargon interne – s'est développée autour d'un pari : celui de l'informatisation poussée à l'extrême.

En 1976 déjà, les notaires pressentent tout l'intérêt pour leur profession de la nouvelle ère qui se profile. Une équipe de précurseurs s'installe à Cadarache, au Commissariat à l'énergie atomique, qui loue ses ordinateurs, des monstres de plusieurs mètres carrés, pour les rentabiliser. Au départ, les notaires veulent centraliser les données concernant les testaments, documents dont la quête est trop souvent laborieuse au moment d'une succession. Le Fichier central des dernières volontés est encore aujourd'hui installé à Venelles. Il n'enregistre pas le contenu du testament, mais simplement l'existence du document, et le nom du notaire chez qui il a été déposé. Ce fichier est consultable pour un notaire quasiment en temps réel et, pour un particulier concerné, moyennant demande écrite.

Puis, à l'aube du XXIe siècle, le notariat comprend tout le parti qu'il peut décidément tirer du développement informatique. « Les nouvelles technologies nous lancent un défi majeur : comme Christophe Colomb, elles nous font découvrir un nouveau continent », lance à ses troupes Alain Lambert. Sous sa présidence (1996-1998), Venelles développe un portail informatique de service interne aux notaires. « Il voulait absolument aboutir ! Pour être certain que tous les notaires adhéreraient au réseau naissant,

Alain Lambert a fait appeler par sa secrétaire "personnelle" près de quatre mille études, raconte un proche du sénateur, qui a participé au projet. En fait, nous avions fait appel à une société de démarchage téléphonique. La plupart des notaires se sont abonnés... »

L'ancien ministre du Budget, visionnaire, a une idée très précise derrière la tête. Il veut que le notariat devienne, par le biais de l'électronique, indispensable à l'État dans un domaine-clé, l'immobilier. Il veut prendre la main sur le fichier immobilier et, pour cela, projette de dématérialiser les échanges d'information entre les études et les conservations des hypothèques – car aucune transaction immobilière ne peut se faire sans la consultation du fichier des hypothèques. Le même proche d'Alain Lambert livre ainsi son décryptage : « Si le notariat perdait son monopole sur la publicité foncière, que lui resterait-il ? L'électronique est donc un outil défensif pour montrer que les notaires sont indispensables au système et qu'ils assurent la sécurité des transactions. »

Les résultats de cette informatisation à marche forcée ne tardent pas à se faire sentir. En quelques années, la direction générale des Impôts, à l'autre bout de la chaîne, se déleste de plusieurs centaines de salariés, jusqu'alors affectés essentiellement à la saisie. Au passage, les fichiers des hypothèques se sont certes modernisés, mais selon les modalités dictées par le notariat. Aujourd'hui, lorsque la direction générale des Impôts cherche un renseignement, ce n'est pas à l'une de ses quelque trois cent cinquante conservations des hypothèques qu'elle s'adresse, mais à la plate-forme de Venelles, qui centralise toutes les données. Demain, selon toute vraisemblance, c'est le notariat qui gérera l'ensemble de la chaîne – les fonctionnaires des conservations n'auront plus d'utilité puisqu'il n'y aura plus de saisie ni de vérification à opérer. Les notaires seront alors passés, selon le plan d'Alain Lambert, d'un monopole de droit sur les transactions immobilières à un monopole de fait, technologique.

Parallèlement, l'ADSN a décuplé le nombre de ses salariés, l'effectif passant d'une vingtaine à plus de deux cents. Le site a tant grossi qu'il abrite aujourd'hui une kyrielle de filiales et d'activités du CSN. L'une des forces de cette pépite est son statut associatif : malgré un chiffre d'affaires de 40 millions d'euros, l'association n'a pas d'actionnaires, donc pas de dividendes à verser, l'ensemble de ses bénéfices est réinvesti au service du notariat, selon les souhaits de ses dirigeants.

Dans son bureau high-tech au plancher de bois exotique, Daniel Bouchon, directeur de la structure, a déjà dans ses cartons les projets d'après-demain. Ses chercheurs ont cette fois imaginé rien de moins que la dématérialisation des données de l'état civil ou de l'urbanisme. Cette belle entreprise ne met pourtant pas les notaires à l'abri de vents contraires.

En septembre 2009, Christine Lagarde, ministre de l'Économie et des Finances de Nicolas Sarkozy, trouve sur son bureau une note assassine. Bercy veut la peau du notariat, ou peut s'en faut. En trois pages, cette « note pour le ministre », issue du bureau Activités tertiaires et concurrence, synthétise sans détour les griefs des penseurs du ministère à l'égard de la profession.

D'emblée, ses rédacteurs pointent « l'insuffisance du nombre d'offices et de notaires en exercice ». Entre 2001 et 2008, constatent-ils, le nombre d'études en activité a diminué – une baisse de quarante-cinq études a été constatée, à mettre en regard avec l'arrivée de cinq cents à six cents jeunes diplômés chaque année. Les auteurs préconisent de libéraliser l'offre notariale, notamment à travers la définition d'un nombre plancher d'offices par circonscription judiciaire. Ils dénoncent un « *numerus clausus* de fait ».

Ils suggèrent également de transformer la tarification actuelle, synonyme pour les notaires de sécurité mais aussi de confort, en de simples « tarifs plafonds » pour la rédaction d'actes. Ces deux points constituent pour le notariat autant de *casus belli*. Il s'agit même précisément de menaces contre lesquelles ils luttent avec persévérance depuis des années. En 2005, puis à l'occasion du rapport Attali de 2009, le CSN avait bien promis une augmentation du nombre de notaires, mais ces beaux engagements se sont envolés avec la crise. Le projet, de toute façon, a toujours suscité de vives résistances internes. Beaucoup de professionnels ont une vision malthusienne de leur marché : trop de monde autour du gâteau gâte le plaisir du gourmet, pensent-ils en substance.

Mais le pire, pour la corporation, se niche dans la troisième partie de la note du service des Politiques publiques : commentant le rapport Darrois sur la création d'une grande profession du droit, les fonctionnaires de Bercy estiment sans ménagement que le célèbre avocat d'affaires développe « une analyse souvent en phase avec les positions de la direction générale du Trésor et de la Politique économique », mais « manquant d'ambition et de clarté » ! Si bien que les rédacteurs de cette note préconisent « des voies de réforme plus ambitieuses et plus efficaces » et voudraient voir appliquer « une logique d'ouverture à d'autres catégories d'actes, telles les transactions immobilières ». Traduction : Bercy propose tout simplement à Christine Lagarde de supprimer le monopole des notaires sur les transactions immobilières ! « Une telle réforme, insistent les signataires, [...] aurait permis d'élargir le champ concurrentiel de l'activité, sans davantage de risques pour les consommateurs[1]. »

En quelques pages, les fonctionnaires des Finances renversent le socle sur lequel repose actuellement le notariat français : le tarif, le monopole sur les ventes immobilières et l'acte authentique, faisant fi des argumentaires savamment développés par la profession depuis des décennies.

Le ministère des Finances n'a pas la reconnaissance du ventre. N'est-ce pas Alain Lambert, toujours lui, qui, nommé ministre du Budget quelques années

1. Voir ce document dans les annexes, p. 289.

après avoir été président du CSN et remarquant que les plus-values immobilières ne rapportaient pas autant qu'elles le devaient, a eu l'idée d'en confier la collecte pour le compte de l'État aux notaires ? Les notaires alimentent également Bercy, dans un domaine tout aussi lucratif, celui des héritages, en livrant directement les frais de succession pour le compte des familles. Mais le fonctionnement notarial heurte la logique libérale des hautes directions de Bercy. Pour l'instant, prudente, Christine Lagarde n'a pas pris de position officielle sur ce dossier. Mais ce document montre que, sans cesse, le principe du notaire à la française est remis en jeu. « Dans les quinze prochaines années, soit le notariat évolue, soit il disparaîtra », prédit Bernard Monassier.

Autre grain, ou autre symptôme : pendant près de deux ans, les notaires ont également dû affronter un ennemi tout-puissant au plus haut sommet de l'État. Patrick Ouart, conseiller aux affaires de justice de Nicolas Sarkozy, que l'on a souvent appelé le « garde des Sceaux *bis* », tant son influence s'est faite importante et constante, a ardemment milité auprès du président de la République pour la fusion des avocats et des notaires. Lorsqu'il quitte l'Élysée, Jean-Pierre Ferret lui adresse ses vœux de réussite dans ses nouvelles fonctions à LVMH. La réponse de Patrick Ouart est cinglante : « Je vous remercie de vos vœux de réussite, écrit-il, le 12 novembre 2009. Il convient de ne pas sous-estimer la portée de nos entretiens puisque vous m'avez convaincu que le temps n'était pas encore venu pour créer la grande profession du droit inscrite inéluctablement dans l'avenir de ce pays. Sans doute eût-il été sage pour votre profession de ne pas pousser vos avantages au-delà de cet acquis. Mais je sors de ma condition en vous livrant cette réflexion... » Ainsi, pour l'éminence grise de Nicolas Sarkozy, l'existence propre du notariat français est-elle simplement en sursis.

En définitive, saurait-on imaginer le paysage juridique, politique et même culturel français sans les notaires ? Les Anglo-Saxons s'en passent depuis bien longtemps. Le notaire n'existe pas dans les pays de la *Common Law*, soulignent volontiers les libéraux, à l'instar de Patrick Ouart, tandis que les notaires français mettent en avant, au contraire, que la plupart des pays européens ont bel et bien un système notarial. En effet, derrière la question notariale, ce sont deux traditions de droit, et deux visions de la société, qui s'affrontent. Toutefois, même lorsque le notariat est effectivement présent dans un système juridique, il n'est pas forcément conçu « à la française », c'est-à-dire portant la double casquette d'entrepreneur et de délégataire de l'autorité publique. Dans beaucoup de cas, le notaire n'est qu'un officier ministériel, fonctionnaire de l'État, n'exerçant pas d'activité libérale.

Ce statut hybride français peut être source de confusion. Dans l'exposé des motifs du projet de loi sur l'organisation du notariat, en 1803, le conseiller d'État Pierre-François de Réal livre cette belle et idéale définition du métier : « À côté des fonctionnaires, qui concilient et qui jugent les différends, la tranquillité appelle d'autres fonctionnaires, conseils désintéressés des parties ainsi que rédacteurs impartiaux de leurs volontés leur faisant connaître toute l'étendue des obligations qu'elles contractent, rédigeant ces engagements avec clarté, leur donnant le caractère d'un acte authentique et la force d'un jugement en dernier ressort, perpétuant leur souvenir et conservant leurs dépôts avec fidélité, empêchent les différends de naître entre les hommes de bonne foi et enlèvent aux hommes cupides avec l'espoir du succès l'envie d'élever une injuste contestation. [...] Ces conseils désintéressés, ces rédacteurs impartiaux [...] sont les notaires. »

Le notaire d'aujourd'hui tient toujours son pouvoir de la puissance publique. Il appose le sceau de l'État sur ses actes, qui tirent de ce geste une force probante unique. Mais il fait également des affaires. D'un côté, les notaires se revendiquent historiquement juges de l'amiable, rôle que ne leur dénie d'ailleurs pas le gouvernement qui a bien failli leur confier, à la place des tribunaux, la charge des divorces amiables. De l'autre, le notaire doit faire tourner une entreprise libérale comme une autre. Se montrer en toutes circonstances « désintéressé » et « impartial » dans ces conditions constitue un défi. N'a-t-on pas traité à satiété le juge d'instruction – institution désormais précaire – de « schizophrène », au motif qu'il devait enquêter à charge et à décharge ? De manière assez comparable, le notaire est tenu de conseiller de façon identique les deux parties, même lorsque celles-ci ont des intérêts opposés. Dans le règlement d'une succession, cette situation donne parfois le sentiment aux héritiers – même si ce sentiment n'est pas étayé par des faits – que le notaire aurait choisi un « camp » plutôt qu'un autre. L'immense majorité des professionnels ne voit toutefois pas malice à cette situation. Dont acte.

Cette spécificité du statut des notaires français se trouve toutefois doublée d'une autre. L'entreprise libérale notariale exerce dans le cadre d'un monopole – pardon, d'un « domaine réservé », dit-on en langage notarial. Les notaires expliquent volontiers qu'ils n'ont pas de monopole, puisqu'ils sont en concurrence les uns avec les autres. Cette affirmation est en partie vraie, mais en partie seulement. Car les instances de la profession veillent à réguler les relations entre les notaires – même le prix de vente d'une étude n'est pas libre. Le tarif limite également beaucoup la portée de cette concurrence interne. Par ailleurs, la concurrence externe, qui pourrait s'exercer sur les actes les plus rentables, les actes immobiliers que les notaires sécurisent, n'existe pas.

Les différentes particularités du statut des notaires français (monopole, tarif, vénalité des charges, forme de *numerus clausus* de fait, condition de nationalité, etc.) sont autant d'aspérités avec lesquelles tour à tour la Commission européenne, le ministère des Finances, les représentants des avocats ou les auteurs de rapports successifs se collettent, et se colletteront encore, pour exiger des évolutions.

Le notariat est toutefois bien ancré dans la société française. Alors que les avocats se sont concentrés dans les grandes villes et que les tribunaux se regroupent, les notaires sont restés les derniers juristes de proximité. Le maillage des études à travers les campagnes françaises est une réalité. Nombre de ces officiers ministériels sont si bien implantés dans leur territoire qu'ils sont élus locaux, parfois de père en fils. La culture française est imprégnée de la présence notariale. La vie politique, à droite surtout, l'est également.

Au fil des ans – et face à l'adversité permanente –, cette profession remarquablement organisée a toujours su prendre les devants. Elle s'est sans cesse appliquée à structurer toujours plus l'exercice du métier, poussant les études vers la modernité, cherchant à s'entourer des experts les plus reconnus. Le poste d'observation privilégié qu'occupent les notaires, avec leurs vingt millions de visites annuelles, sur la société française et la vie des foyers leur a permis d'anticiper l'élaboration de toutes les dernières grandes lois et d'y participer activement, en droit de la famille notamment. La crise économique récente a mis en lumière auprès des pouvoirs publics toute leur utilité : la sécurisation des échanges économiques, privilège qu'offre le système notarial à la française ultra-perfectionné, est apparue, plus que jamais, comme une indéniable force. *In fine*, le rôle de l'acte authentique dans le paysage juridique français a été conforté. Mais à ses côtés va naître dans les mois qui viennent l'acte contresigné par un avocat, un petit dernier, qui, à terme, pourrait brouiller l'image de son aîné.

Le 28 janvier 2010, lors des premiers états généraux du notariat qui se tiennent à Bercy, Nicolas Sarkozy lui-même veut rassurer la profession sur son avenir ; le message qu'il y fait lire par Michèle Alliot-Marie affirme : « L'acte authentique est ainsi l'un des fondements de notre système juridique et, je veux le dire clairement, il ne vient à l'idée de personne de le remettre en cause, ni de remettre en cause le monopole dont vous disposez. À bien des titres, votre profession est exemplaire : son organisation, son recrutement et le travail effectué en matière de déontologie sont réellement autant de preuves de votre souci permanent d'adaptation aux besoins des Français et aux exigences de la société française. [...] Vous disposez d'un rôle essentiel au sein de la communauté juridique que je veux pour la France. Il n'est pas question que la France se prive de votre savoir-faire. » Mais le président exhorte également notaires et avocats à cesser de se faire la guerre et à se rapprocher. Les participants ne repartent pas l'esprit tout à fait tranquille face à la perspective de ce « rapprochement » avec les barreaux.

En attendant, le notariat, parfois baptisé le « second métier le plus vieux du monde », qui a survécu à la Révolution à l'heure où l'ensemble des corporations était supprimé, engrange les nouveaux marchés. Dès qu'ils le peuvent, les notaires consolident leurs bases. Toute législation est pour la profession une occasion potentielle de renforcer ses positions. Lors de la réforme du divorce, les notaires ont demandé – et obtenu – la responsabilité de l'« acte liquidatif de partage », se faufilant ainsi entre les avocats et le juge, en amont de la procédure de divorce amiable. Le divorce constitue aujourd'hui – avec l'achat d'un toit, l'héritage, l'organisation de la succession et éventuellement le mariage – l'un des points de passage obligé chez le notaire. Tout récemment, les notaires ont aussi consolidé leur rôle dans l'établissement des pacs – ils ont obtenu la suppression du passage obligatoire par le greffe du tribunal – ou des actes de notoriété. Mais il ne s'agit là que de menu fretin comparé à l'un des marchés qui s'ouvre potentiellement dans les années à venir. Un marché de plusieurs centaines de milliers d'individus...

À l'occasion de la réforme des successions, qui a pris effet en 2009, les notaires ont défendu, et encore obtenu, la création du « mandat de protection future ». Pour faire face au vieillissement de la population, le gouvernement a revu de fond en comble le mécanisme des mises sous tutelle et curatelle qui régissent le statut des personnes dites « incapables », c'est-à-dire totalement ou partiellement privées par la vieillesse ou la maladie de leur discernement. Les pouvoirs publics ont importé à cette occasion une idée canadienne, qui permet à celui qui veut anticiper ses vieux jours, et sent la vieillesse le gagner ou sa raison lui faire faux bond, de désigner par avance la personne qu'il désire voir gérer ses biens le jour où il n'en sera plus capable. Or ce mandat de protection future peut se rédiger librement, mais il n'a sa pleine efficacité qu'effectué par un notaire ! Par ailleurs, pour alléger la tâche des juges des tutelles, les notaires sont même désormais chargés de contrôler le travail des gestionnaires choisis – s'ils ne sont pas eux-mêmes désignés. « De façon générale, la loi donne de plus en plus de place à la volonté individuelle dans le droit de la famille, explique David Noguero, professeur à l'université de Paris-V René-Descartes. Et cela passe par l'authentification de cette volonté, chez le notaire. »

Avec ce nouveau texte, les notaires sont aux avant-postes pour gagner la clientèle des personnes âgées. Ils sont en situation privilégiée pour leur proposer des conseils patrimoniaux, financiers, fiscaux et immobiliers – des domaines qu'ils veulent justement développer. Or, en 2020, les plus de soixante ans détiendront près de 70 % du patrimoine. En résumé, le notariat a réussi à préempter la gestion de la vieillesse. Preuve, si besoin était, qu'il a encore de la ressource.

ANNEXES

RAPPORT DE L'OBSERVATOIRE DES PROFESSIONS JURIDIQUES ET JUDICIAIRES

Les Officiers Publics et Ministériels au 31/12/2006

Les résultats présentés ici proviennent de l'application PEPS dont la base de données a été initialisée mi-2004. Cette étude vise à présenter un bilan des professions au 31 décembre 2006.

I - DONNEES DEMOGRAPHIQUES

A \ Les effectifs des professions au 31/12/2006

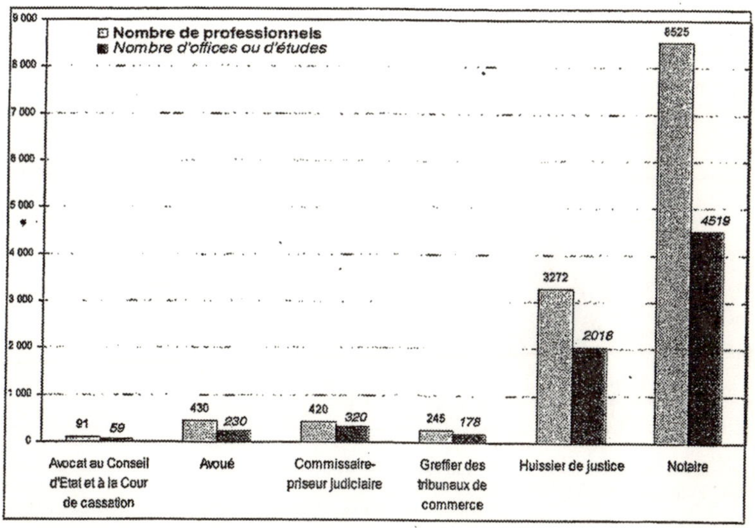

Au 31 décembre 2006, on dénombre un total de 12 983 professionnels exerçant au sein de 7 324 offices. Depuis le 31 décembre 2005 on observe une augmentation de 1,8 % des effectifs de professionnels et de 0,2 % du nombre d'offices. L'augmentation des effectifs concerne plus particulièrement la profession de notaire qui de ce fait, représente, par rapport à l'an passé, une part encore plus importante des professionnels et des offices (les notaires représentent 65,7 % de l'ensemble des professionnels et les offices de notaires représentent 61,7 % de l'ensemble des offices ou études).

B \ Répartition par sexe et âge selon la profession

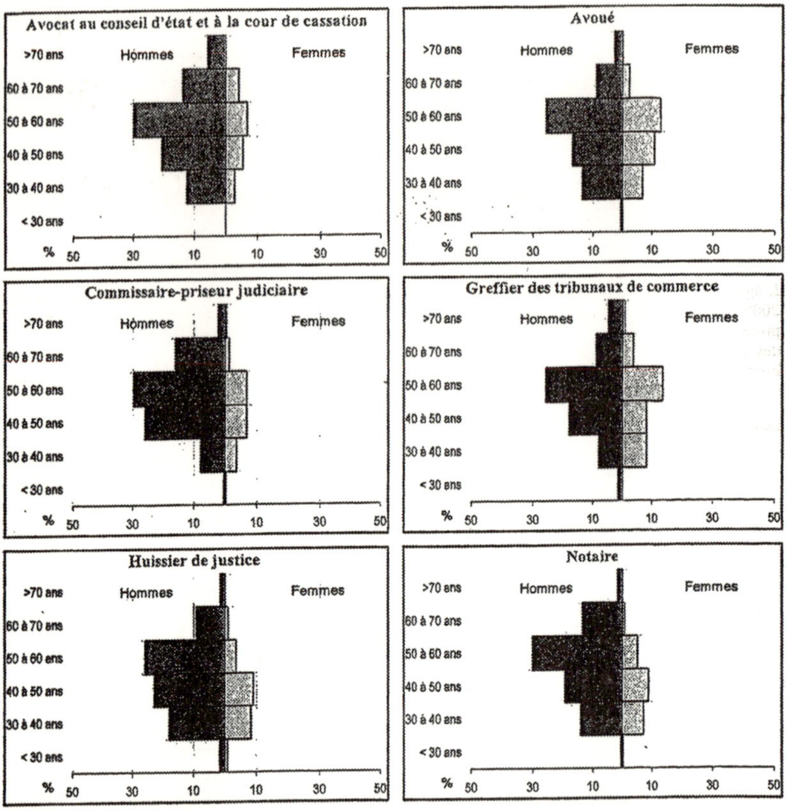

Les hommes, largement majoritaires, représentent, selon la profession, entre 65% et 81 % des professionnels (65,4 % chez les greffiers des tribunaux de commerce, 66,7 % chez les avoués, 77,1 % chez les huissiers, 77,7 % chez les notaires, 81,1 % chez les avocats aux conseils et 81% chez les commissaires-priseurs judiciaires).
Excepté pour les avocats aux conseils, profession particulièrement stable pour laquelle le taux de masculinité n'a pas évolué, la part des hommes parmi les professionnels a légèrement diminué, traduisant une proportion de femmes plus importante chez les nouveaux professionnels.
Quelle que soit la profession, la tranche d'âge '50 à 60 ans' est la plus représentée et comprend un tiers de l'ensemble des professionnels (entre 29 % et 49 % des effectifs selon la profession).

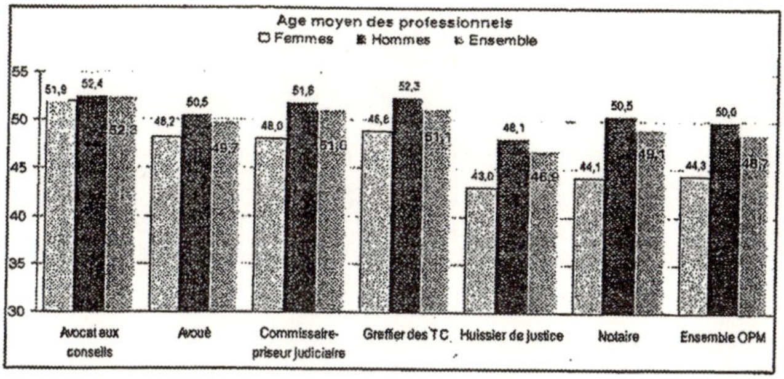

L'âge moyen relativement élevé de l'ensemble des professionnels (48,7 ans) est resté identique entre fin 2005 et fin 2006 ; toutefois cette stabilité de l'âge moyen global masque des différences entre les professions, et l'on constate qu'un léger « rajeunissement » chez les notaires compense le « vieillissement » des autres professions.

Pour toutes les professions, exceptée celle des huissiers de justice, plus de la moitié des professionnels ont au moins 50 ans (cf. tableau ci-après).

Les professionnels âgés de 50 ans ou plus :

	nombre de professionnels	% au sein de la profession
Avocat aux conseils	44	59,5%
Avoué	218	51,3%
Commissaire-priseur judiciaire	191	55,8%
Greffier des tribunaux de commerce	138	56,8%
Huissier de justice	1 321	40,2%
Notaire	4 291	50,2%
Ensemble	6 203	48,0%

C \ Localisation des offices et des études

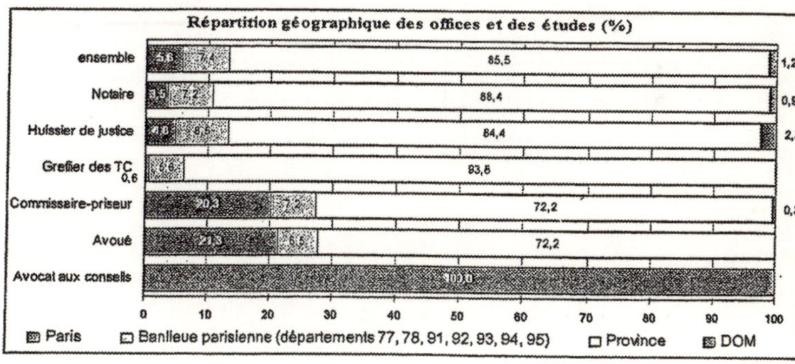

ANNEXES

A l'exception du cas particulier des avocats aux conseils qui exercent tous à Paris, l'activité des autres professions est répartie sur le territoire national.

Les notaires, les huissiers et les commissaires-priseurs judiciaires sont les seules professions représentées hors métropole.

Toutes les professions ont une majorité d'offices ou d'études dans les départements de province. Les commissaires priseurs et les avoués sont des professions particulièrement bien représentées à Paris avec plus d'un cinquième des offices ou des études installé dans la capitale. Dans les autres professions (notaire, huissier de justice et greffier des tribunaux de commerce) on remarque que la part des offices ou des études installés dans les départements limitrophes de Paris dépasse la part de ceux installés à Paris intra-muros.

Répartition des offices et des études selon le ressort juridique

	Avocat aux conseils	Avoué	Commissaire-priseur judiciaire	Greffier des tribunaux de commerce	Huissier De justice	Notaire
Agen		6	3	5	34	84
Aix-en-Provence		14	19	16	129	274
Amiens		6	12	7	78	176
Angers		5	7	5	47	156
Basse-Terre			1		18	15
Bastia		3		3	22	27
Besancon		5	6	5	48	77
Bordeaux		11	11	8	81	172
Bourges		4	7	4	32	76
Caen		6	13	8	57	144
Chambery		4	3	1	30	88
Colmar					66	124
Dijon		5	8	7	50	117
Douai		8	14	9	112	205
Fort-de-France					18	16
Grenoble		3	5	4	59	148
Limoges		5	4	3	30	68
Lyon		12	12	5	85	190
Metz					33	59
Montpellier		10	7	9	84	179
Nancy		6	7	4	45	106
Nimes		6	3	5	61	164
Orleans		5	8	4	47	136
Paris	59	49	78	11	208	382
Pau		6	5	7	52	103
Poitiers		5	11	8	58	153
Reims		5	7	5	37	96
Rennes		7	16	10	112	371
Riom		5	8	7	61	124
Rouen		6	17	6	71	135
Saint-Denis-de-la-Reunion					10	10
Toulouse		8	11	7	56	158
Versailles		15	17	5	87	186
Total	59	230	320	178	2018	4519

D \ Mode d'exercice et mode de gestion

Répartition des professionnels selon le mode d'exercice

Pour toutes les professions, les professionnels exerçant en tant qu'associés au sein d'une société sont majoritaires.

	Individuel	Associé	Salarié
Avocat au Conseil d'Etat et à la cour de cassation	24,2%	75,8%	0,0%
Avoué	12,8%	87,2%	0,0%
Commissaire-priseur judiciaire	43,8%	56,2%	0,0%
Greffier des tribunaux de commerce	32,2%	67,8%	0,0%
Huissier de justice	27,1%	72,9%	0,0%
Notaire	21,6%	73,6%	4,8%
Ensemble	*23,6%*	*73,2%*	*3,1%*

Répartition des offices et des études selon le mode de gestion

Les offices constitués en société sont majoritaires pour toutes les professions à l'exception des commissaires priseurs judiciaires. La répartition entre offices individuels et offices en société a peu évolué par rapport à ce qu'elle était au 31 décembre 2005, mais on note toutefois que les offices de greffiers en société sont désormais majoritaires alors qu'ils étaient à part égale avec les offices individuels il y a un an.

%	Office individuel Etude individuelle	Office en société Etude en société	Office vacant
Avocat au Conseil d'Etat et à la cour de cassation	35,6 %	64,4 %	0,0 %
Avoué	23,9 %	76,1 %	0,0 %
Commissaire-priseur judiciaire	57,8 %	41,9 %	0,3 %
Greffier des tribunaux de commerce	46,6 %	53,4 %	0,0 %
Huissier de justice	44,0 %	55,6 %	0,4 %
Notaire	40,7 %	59,0 %	0,3 %
ensemble	41,9 %	57,8 %	0,3 %

Les types de sociétés

Les sociétés constituées sont en majorité des SCP mais les parts représentées par les SEL sont plus importantes qu'elles ne l'étaient il y a un an.

Répartition des offices et des études en société selon le type de société (%)

%	SCP	SELAFA	SELARL	SELAS	SELEURL
Avocat au Conseil d'Etat et à la cour de cassation	100,00	0,00	0,00	0,00	0,00
Avoué	99,43	0,00	0,57	0,00	0,00
Commissaire-priseur judiciaire	92,54	0,00	5,22	0,75	1,49
Greffier des tribunaux de commerce	82,11	0,00	16,84	0,00	1,05
Huissier de justice	98,31	0,00	1,60	0,00	0,09
Notaire	97,04	0,11	2,81	0,04	0,00
ensemble	97,02	0,07	2,76	0,05	0,09

II - Donnees economiques

Les données économiques sont issues des dossiers de cessions des OPM et ne concernent donc qu'une partie des offices. L'échantillon ainsi constitué permet d'établir des indicateurs économiques, plus particulièrement fiables pour les notaires et les huissiers auxquels correspondent la plus grande partie des données.

A \ Les cessions

Evolution du nombre de cessions[1]

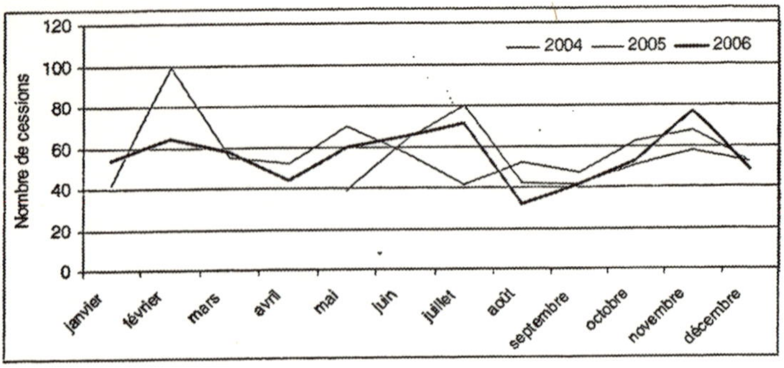

Nombre de cessions enregistrées par profession

		Avocat aux Conseils	Avoué	Commissaire-priseur judiciaire	Greffier des tribunaux de commerce	Huissier de justice	Notaire	*Ensemble*
2004	cessions d'offices individuels		4	4	7	34	72	121
	cessions de parts de sociétés	2	17	6	9	85	186	305
	total cessions 2004	**2**	**21**	**10**	**16**	**119**	**258**	**426**
2005	cessions d'offices individuels	1	2	15	6	74	141	239
	cessions de parts de sociétés	4	9	14	8	137	285	457
	total cessions 2005	**5**	**11**	**29**	**14**	**211**	**426**	**696**
2006	cessions d'offices individuels		5	12	5	57	120	199
	cessions de parts de sociétés		11	8	7	124	318	468
	total cessions 2006		**16**	**20**	**12**	**181**	**438**	**667**
2004 - 2006	cessions d'offices individuels	1	11	31	18	165	333	559
	cessions de parts de sociétés	6	37	28	24	346	789	1230
	total cessions 2004-2006	**7**	**48**	**59**	**42**	**511**	**1122**	**1789**

[1] Pour l'année 2006, 95 % des arrêtés de décembre ont été enregistrés dans la base et sont pris en compte dans ce bilan

Montant moyen des cessions par professions et selon le mode de gestion

		2004		2005		2006		2004-2006	
		nombre de cessions	valeur vénale moyenne	nombre de cessions	valeur vénale moyenne	nombre de cessions	valeur vénale moyenne	nombre de cessions	valeur vénale moyenne
Notaire	office individuel	65	438 894	111	469 744	100	589 011	276	505 691
	office en société	177	1 554 236	274	1 521 534	299	1 772 868	750	1 629 450
Huissier de justice	office individuel	31	194 099	68	314 619	54	310 028	153	333 469
	office en société	74	801 671	117	765 160	117	879 380	308	817 321
Avocat aux Conseils	office individuel							1	678 000
	office en société							5	2 442 727
Avoué	office individuel							10	524 815
	office en société							44	1 245 338
Commissaire-priseur judiciaire	office individuel							19	90 903
	office en société							38	260 635
Greffier des TC	office individuel							15	850 610
	office en société							36	1 506 055

Le nombre de cessions retenu dans les tableaux correspond au nombre de cessions prises en compte dans le calcul de la moyenne, c'est-à-dire au nombre de cessions pour lesquels le montant a été enregistré dans la base donnée moins les éventuelles données exclues.

La valeur vénale d'un office est estimée à partir du prix de cession. Pour les offices individuels la valeur vénale de l'office correspond au montant de la cession ; pour les offices en sociétés le montant des parts cédées est redressé en fonction du nombre total de parts afin d'obtenir l'estimation de la valeur vénale de l'office.

Nombre moyen d'associées des offices en société ayant connu une cession (mi 2004 – 2006)

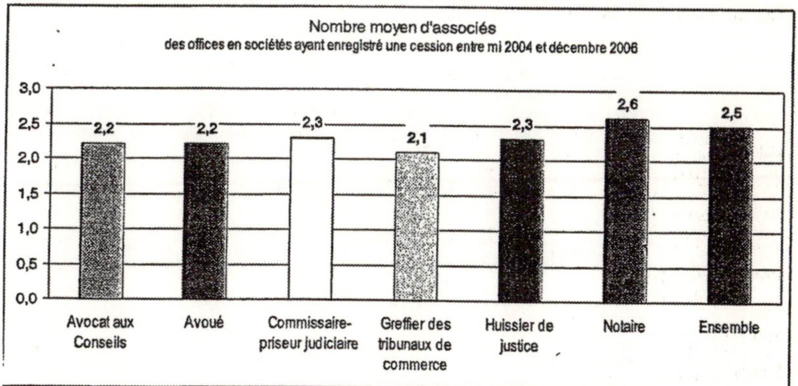

ANNEXES

B \ Les données fiscales

Dans les dossiers de cessions des offices figurent les déclarations fiscales qui sont presque essentiellement des déclarations IR. Les données saisies et enregistrées dans PEPS sont celles des différentes rubriques de ces déclarations fiscales fournies pour différentes années (1994 à 2005), selon les dossiers.
Au 31 décembre 2006, on dénombre dans la base de données, au total, 6 200 déclarations fiscales IR enregistrées pour 1618 offices. Pour près de 95 % de ces offices la base contient au moins 3 années de déclarations fiscales ; toutefois toutes les rubriques de toutes les déclarations ne sont pas nécessairement remplies.

Répartition des déclarations fiscales selon la profession et l'année de déclaration

Année de déclaration fiscale	Avocat aux Conseils	Avoué	Commissaire -priseur judiciaire	Greffier des tribunaux de commerce	Huissier de justice	Notaire	*Ensemble*
1 994						1	1
1 995						1	1
1 998				4	22	7	33
1 999			3	9	99	119	230
2 000	1	5	13	16	113	213	361
2 001	7	34	22	36	431	907	1437
2 002	7	40	33	37	460	955	1532
2 003	6	36	28	32	431	906	1439
2 004	1	15	17	20	246	566	865
2 005		5	2	7	81	206	301
Total	22	135	118	161	1883	3881	6200

Les revenus : les montants minimum, maximum et moyen du total recettes[2] et du bénéfice[3]

Pour toutes les professions le calcul des indicateurs n'a pris en compte que les données les plus « récentes » soit les déclarations fiscales de 2001, 2002, 2003, 2004 et 2005.
Pour les notaires et les huissiers de justice la distinction entre les différentes années a été conservée mais pour les avoués, les commissaires-priseurs judiciaires et les greffiers des tribunaux de commerce, les données par année étant trop peu nombreuses, on n'a conservé que le regroupement 2001-2005. Les indicateurs n'ont pas été calculés pour la profession d'avocat au Conseil d'état et à la cour de cassation compte tenu de l'insuffisance des données.

TOTAL RECETTES (en euros)

NOTAIRES

	office individuel				office en société			
	Nombre de déclarations	Montant moyen	Montant minimum	Montant maximum	Nombre de déclarations	Montant moyen	Montant minimum	Montant maximum
2001	287	461 223	22 750	1 737 917	615	1 691 390	138 689	24 758 814
2002	307	492 026	55 797	2 104 146	645	1 752 282	175 604	27 940 954
2003	289	535 547	19 064	2 091 812	616	1 884 178	229 983	30 099 180
2004	180	620 660	25 246	2 054 396	385	2 112 860	240 645	24 077 168
2005	55	701 439	32 259	2 507 274	151	2 358 041	314 102	17 114 319
2001-2005	1 118	526 381	19 064	2 507 274	2 412	1 865 919	138 689	30 099 180

---

[2] *Le total des recettes correspond à l'ensemble des sommes perçues (total des honoraires) auquel, d'une part, on retranche les débours payés pour le compte des clients et les honoraires rétrocédés, et d'autre part on ajoute les produits financiers et les gains divers.*

[3] *Il s'agit du bénéfice imposable ; le montant du bénéfice correspond à la différence entre le total des recettes et le total des dépenses auquel on ajoute les plus values à court terme et les montants divers à réintégrer.*

HUISSIERS DE JUSTICE

	office individuel				office en société			
	Nombre de déclarations	Montant moyen	Montant minimum	Montant maximum	Nombre de déclarations	Montant moyen	Montant minimum	Montant maximum
2001	153	254 331	12 682	1 197 860	276	631 533	72 981	2 780 790
2002	168	253 691	9 715	1 287 700	292	635 286	67 555	2 877 581
2003	153	262 363	7 354	1 327 233	278	656 978	41 551	3 197 569
2004	91	269 223	7 871	1 015 579	153	704 053	108 639	2 445 784
2005	30	255 314	10 936	813 583	51	707 593	97 200	2 479 771
2001-2005	595	258 543	7 354	1 327 233	1 050	653 575	41 551	3 197 569

AVOUES

	office individuel				office en société			
	Nombre de déclarations	Montant moyen	Montant minimum	Montant maximum	Nombre de déclarations	Montant moyen	Montant minimum	Montant maximum
2001-2005	32	498 301	166 564	1 432 325	98	1 010 671	61 161	2 427 171

COMMISSAIRES-PRISEURS JUDICIAIRES

	office individuel				office en société			
	Nombre de déclarations	Montant moyen	Montant minimum	Montant maximum	Nombre de déclarations	Montant moyen	Montant minimum	Montant maximum
2001-2005	52	239 598	23 114	830 926	43	778 407	75 848	3 806 513

GREFFIERS DES TRIBUNAUX DE COMMERCE

	office individuel				office en société			
	Nombre de déclarations	Montant moyen	Montant minimum	Montant maximum	Nombre de déclarations	Montant moyen	Montant minimum	Montant maximum
2001-2005	63	586 002	85 792	4 034 002	69	2 320 967	258 980	20 784 225

BENEFICE (en euros)

NOTAIRES

	office individuel				office en société			
	Nombre de déclarations	Montant moyen	Montant minimum	Montant maximum	Nombre de déclarations	Montant moyen	Montant minimum	Montant maximum
2001	284	131 609	2 988	606 509	614	624 551	38 345	16 411 114
2002	302	140 762	8 237	698 028	647	645 800	164	15 000 831
2003	290	157 939	4 175	657 844	612	696 976	12 612	14 374 862
2004	181	195 610	2 950	1 154 296	382	817 170	64 640	12 552 277
2005	54	269 192	12 861	1 413 168	150	957 210	82 050	8 461 358
2001-2005	1 111	158 084	2 950	1 413 168	2 405	700 040	164	16 411 114

HUISSIERS DE JUSTICE

	office individuel				office en société			
	Nombre de déclarations	Montant moyen	Montant minimum	Montant maximum	Nombre de déclarations	Montant moyen	Montant minimum	Montant maximum
2001	148	82 793	638	430 312	271	286 261	16 987	1 523 678
2002	160	81 032	840	673 713	289	286 887	615	1 543 252
2003	144	85 443	3 506	695 102	272	303 114	11 368	1 773 515
2004	89	93 862	3 788	690 251	153	322 127	13 660	1 154 185
2005	29	84 343	3 854	397 238	51	307 503	908	894 577
2001-2005	570	84 775	638	695 102	1 036	297 203	615	1 773 515

ANNEXES

AVOUES

	office individuel				office en société			
	Nombre de déclarations	Montant moyen	Montant minimum	Montant maximum	Nombre de déclarations	Montant moyen	Montant minimum	Montant maximum
2001-2005	31	183 760	24 364	914 447	98	454 134	18 318	1 213 800

COMMISSAIRES-PRISEURS JUDICIAIRES

	office individuel				office en société			
	Nombre de déclarations	Montant moyen	Montant minimum	Montant maximum	Nombre de déclarations	Montant moyen	Montant minimum	Montant maximum
2001-2005	46	55 895	1 393	427 389	38	240 157	7 093	1 401 539

GREFFIERS DES TRIBUNAUX DE COMMERCE

	office individuel				office en société			
	Nombre de déclarations	Montant moyen	Montant minimum	Montant maximum	Nombre de déclarations	Montant moyen	Montant minimum	Montant maximum
2001-2005	63	240 158	30 407	2 068 822	69	729 970	74 963	3 925 454

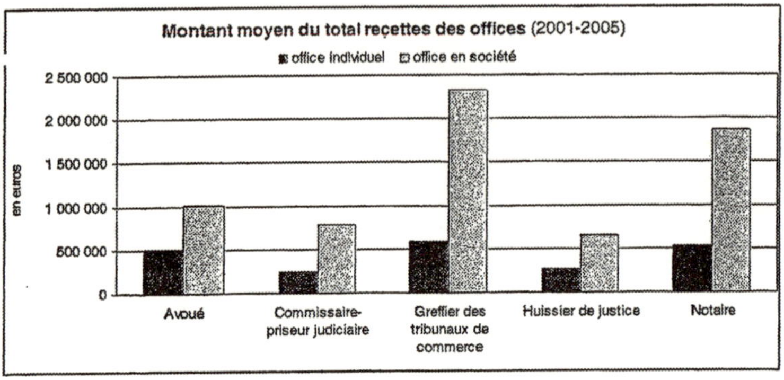

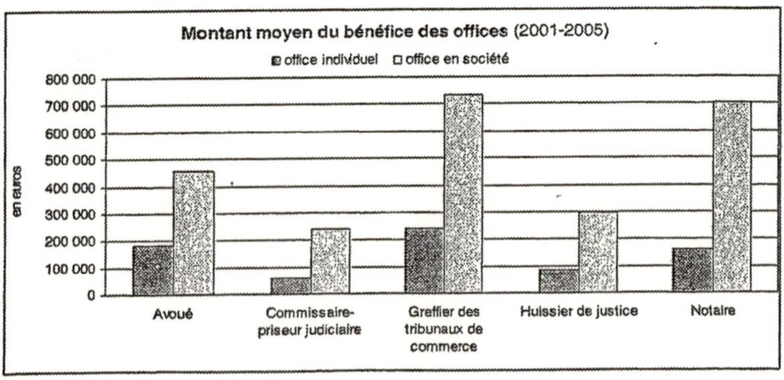

ANNEXES

RAPPORT DE L'OBSERVATOIRE DES PROFESSIONS JURIDIQUES ET JUDICIAIRES

Les Officiers Publics et Ministériels au 01/01/2008

BILAN DEMOGRAPHIQUE

Les résultats présentés ici proviennent de l'application PEPS dont la base de données a été initialisée mi-2004. Cette étude vise à présenter un bilan démographique des professions au 1er janvier 2008.

A \ LES EFFECTIFS DES PROFESSIONS AU 01/01/2008

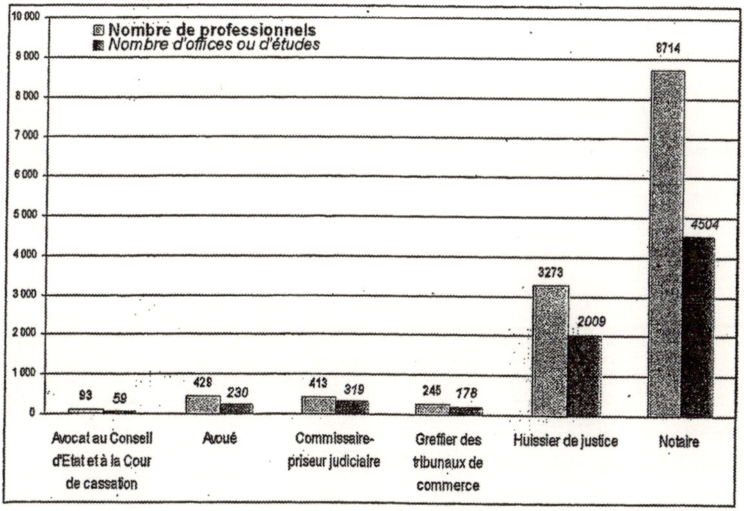

Au 31 1er janvier 2008, on dénombre un total de 13 167 professionnels exerçant au sein de 7 299 études ou offices.
On remarque que tandis que le nombre global de professionnels a connu une progression de 1, 4 % depuis un an, le nombre d'offices a, au cours de la même période enregistré une légère diminution (-0,3%).
Si l'on considère individuellement chacune des professions on constate que la tendance remarquée est essentiellement le fait de l'évolution des effectifs de professionnels du notariat, profession qui regroupe près des deux tiers des professionnels et plus de 60 % des offices.

DACS – Bureau de la prospective et de l'économie des professions – PEPS 01/06/2008

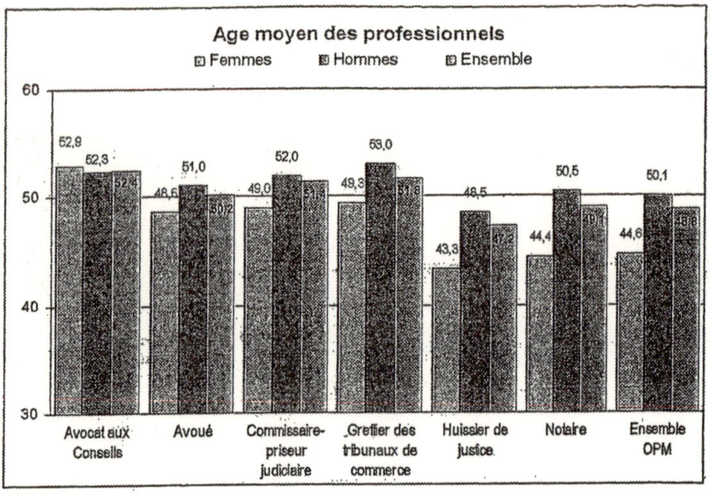

L'âge moyen relativement élevé de l'ensemble des professionnels (48,8 ans) traduit la forte représentation des classes d'âge les plus élevées ; ainsi, la profession « la plus jeune », celle des huissiers de justice compte 41 % de professionnels âgés de 50 ans ou plus tandis que pour les autres professions, les plus de 50 ans représentent entre la moitié et les deux tiers des professionnels (50% pour les notaires, 54% chez les avoués, 56 % chez les commissaires priseurs judiciaires, 59 % chez les greffiers des tribunaux de commerce et 66% chez les avocats au conseil d'état et à la cour de cassation).

C \ Localisation des offices et des etudes

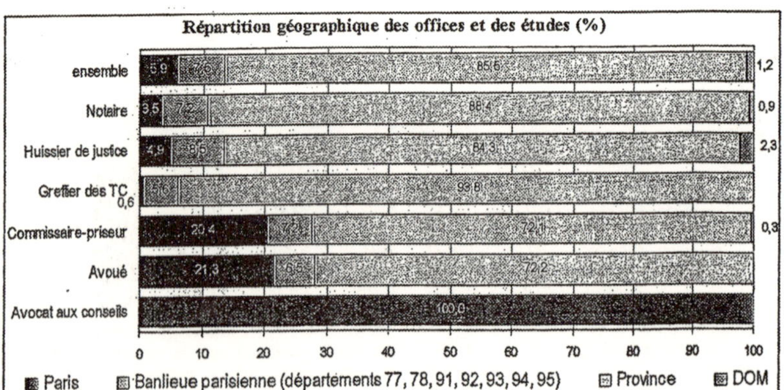

ANNEXES

D \ MODE D'EXERCICE ET MODE DE GESTION

Répartition des professionnels selon le mode d'exercice

Pour toutes les professions, les professionnels exerçant en tant qu'associés au sein d'une société sont majoritaires.

	Individuel	Associé	Salarié
Avocat au Conseil d'Etat et à la cour de cassation	21,5%	78,5%	0,0%
Avoué	12,8%	87,2%	0,0%
Commissaire-priseur judiciaire	45,0%	55,0%	0,0%
Greffier des tribunaux de commerce	31,0%	69,0%	0,0%
Huissier de justice	26,3%	73,7%	0,0%
Notaire	20,7%	73,4%	6,0%
Ensemble	*22,8%*	*73,3%*	*3,9%*

Répartition des offices et des études selon le mode de gestion

Pour toutes les professions à l'exception des commissaires priseurs judiciaires, les offices constitués en société sont majoritaires et tendent à être de plus en plus représentés.

Chez les commissaires, au contraire des autres professions, les offices individuels constituent une large majorité et l'on constate que leur part a légèrement augmenté au cours de l'année écoulée (57,8 % au 01/01/2007 contre 58,9 % au 01/01/2008)

%	Office individuel Etude individuelle	Office en société Etude en société	Office vacant
Avocat au Conseil d'Etat et à la cour de cassation	32,2%	67,8%	0,0%
Avoué	23,9%	76,1%	0,0%
Commissaire-priseur judiciaire	58,9%	40,8%	0,3%
Greffier des tribunaux de commerce	44,9%	54,5%	0,6%
Huissier de justice	42,9%	56,7%	0,4%
Notaire	39,9%	59,8%	0,2%
Ensemble	*41,1%*	*58,6%*	*0,3%*

Les types de sociétés

Les sociétés constituées sont en très large majorité des SCP mais on remarque toutefois que la part des SEL (SELAFA, SELARL, SELAS ou SELEURL) tend à augmenter très légèrement. En effet, l'augmentation relative du nombre de SEL (138 SEL au 01/01/2007 contre 146 au 01/01/2008 soit + 5,8 %) dépasse largement celle des SCP (4107 SCP au 01/01/2007 contre 4130 au 01/01/2008 soit + 0,6 %).

Répartition des offices et des études en société selon le type de société (%)

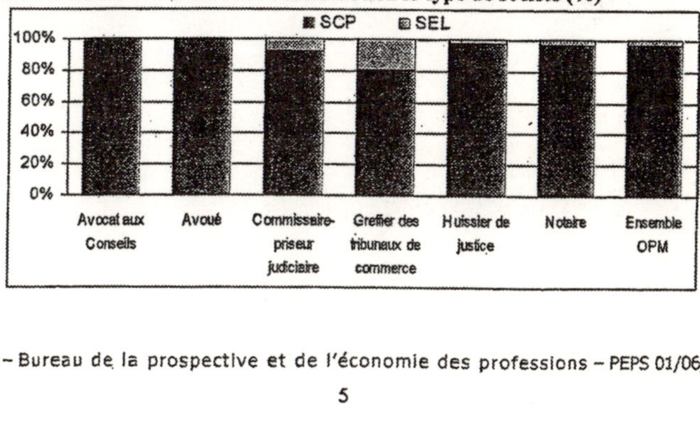

ANNEXES

RAPPORT DE L'OBSERVATOIRE DES PROFESSIONS JURIDIQUES ET JUDICIAIRES

Les Officiers Publics et Ministériels au 01/01/2008

BILAN ECONOMIQUE

Les données économiques sont issues des dossiers de cessions des OPM et ne concernent donc qu'une partie des offices. L'échantillon ainsi constitué permet d'établir des indicateurs économiques, plus particulièrement fiables pour les notaires et les huissiers auxquels correspondent la plus grande partie des données enregistrées.

A \ LES CESSIONS

Au 1er janvier 2008, 2475 cessions d'offices ont été enregistrées dans la base de données, près des deux tiers d'entre elles concernent la profession de notaire.

Nombre de cessions enregistrées par profession

		Avocat aux Conseils	Avoué	Commissaire-priseur judiciaire	Greffier des tribunaux de commerce	Huissier de justice	Notaire	*Ensemble*
2004	cessions d'offices individuels	0	4	4	7	35	73	123
	cessions de parts de sociétés	2	16	6	9	85	187	305
	total cessions 2004	**2**	**20**	**10**	**16**	**120**	**260**	**428**
2005	cessions d'offices individuels	1	2	15	6	74	140	238
	cessions de parts de sociétés	4	9	14	8	137	286	458
	total cessions 2005	**5**	**11**	**29**	**14**	**211**	**426**	**696**
2006	cessions d'offices individuels	0	5	12	5	57	123	202
	cessions de parts de sociétés	0	11	8	7	124	321	471
	total cessions 2006	**0**	**16**	**20**	**12**	**181**	**444**	**673**
2007	cessions d'offices individuels	2	0	11	4	59	90	166
	cessions de parts de sociétés	0	18	9	4	116	365	512
	total cessions 2007	**2**	**18**	**20**	**8**	**175**	**455**	**678**
2004 - 2007	**cessions d'offices individuels**	**3**	**11**	**42**	**22**	**225**	**426**	**729**
	cessions de parts de sociétés	**6**	**54**	**37**	**28**	**462**	**1159**	**1746**
	total cessions 2004-2007	**9**	**65**	**79**	**50**	**687**	**1585**	**2475**

Evolution annuelle du nombre de cessions

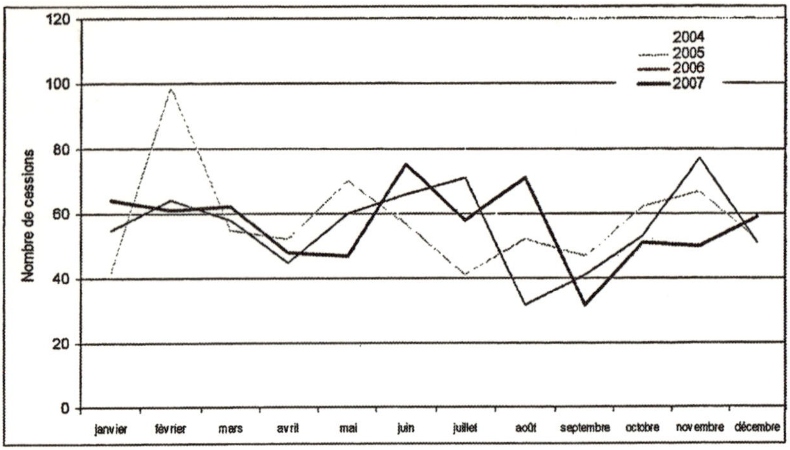

Montant des cessions et valeur vénale des offices

La valeur vénale d'un office est estimée à partir du prix de cession.
Pour les offices individuels la valeur vénale de l'office correspond au montant de la cession ; pour les offices en sociétés le montant des parts cédées est redressé en fonction du nombre total de parts afin d'obtenir l'estimation de la valeur vénale de l'office.

Le nombre de cessions figurant dans le tableau ci-après correspond au nombre de cessions prises en compte dans le calcul de la moyenne, c'est-à-dire au nombre de cessions pour lesquels le montant a été enregistré dans la base données (certaines valeurs atypiques correspondant à des cas très particuliers ou à des erreurs d'enregistrement ont été exclues).

Pour les avocats au Conseil d'état et à la Cour de cassation, les avoués, les commissaires-priseurs judiciaires et les greffiers des tribunaux de commerce, le montant moyen de cession n'a été calculé que sur une période de plusieurs années (et non pas par année) afin de maximiser la pertinence de l'indicateur compte tenu d'un nombre annuel de cessions relativement faible pour ces professions.

Valeur vénale moyenne des offices selon la profession et le mode de gestion

		Avocat aux Conseils		Avoué		Commissaire-priseur judiciaire		Greffier des tribunaux de commerce		Huissier de justice		Notaire	
		nb cessions	montant moyen	nb cessions	montant moyen	nb cessions	montant moyen	nb cessions	montant moyen	nb cessions	montant moyen	nb cessions	montant moyen
2004	office individuel	0		3		3		4		31	194 099	66	452 135
	office en société	1		15		4		8		74	801 671	178	1 546 435
2005	office individuel	1		2		14		6		68	314 700	111	469 744
	office en société	4		8		8		8		117	765 160	274	1 521 534
2006	office individuel	0		5		2		5		54	310 028	101	590 308
	office en société	0		11		6		5		117	879 380	299	1 726 752
2007	office individuel	2		0		8		3		55	299 676	76	658 450
	office en société	0		18		7		3		107	835 339	350	1 787 133
2004 - 2007	office individuel	3	1 357 020	10	524 815	27	74 478	18	830 297	208	291 540	354	541 372
	office en société	5	2 442 727	52	1 228 810	25	284 938	24	1 451 466	415	821 967	1 101	1 665 723
2005 - 2007	office individuel	3	1 357 020	7	548 914	24	67 270	14	860 407	177	308 606	288	561 823
	office en société	4	1 984 208	37	1 242 756	21	271 504	16	1 459 350	341	826 371	923	1 688 728

DACS - Bureau de la prospective et de l'économie des professions - PEPS - 01/01/2008

3

Les montants moyens correspondent donc à la valeur moyenne observée pour un office, soit pour un professionnel dans le cas des offices individuels soit pour un ou plusieurs professionnels, dans le cas des offices en société.
Le graphique ci-après présente, selon la profession, le nombre moyen d'associés des offices en société calculé à partir de l'échantillon de données économiques (c à d dans les offices ayant connu une cession enregistrée dans l'entrepôt de données depuis mi-2004).

Nombre moyen d'associés des offices en sociétés

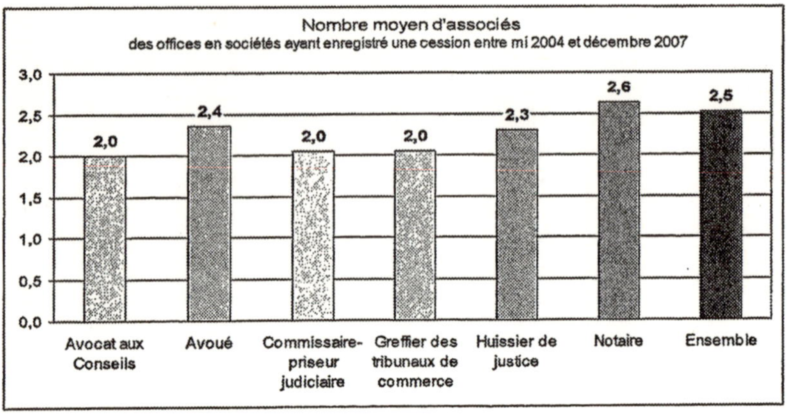

Comparaison entre offices individuels et offices en société

Afin de rendre comparables les valeurs moyennes des offices individuels et des offices en société il convient de tenir compte du nombre de professionnels exerçant au sein de l'office. De manière approximative on peut donc rapporter le montant moyen des offices en société au nombre moyen d'associés titulaires de ces offices :

Valeur vénale moyenne d'un office par professionnel (valeur moyenne/ nombre moyen de professionnels)

	Notaire		Huissier de justice	
	Office individuel	Office en société	Office individuel	Office en société
2004-2007	541 372	633 274	291 540	356 702
2005-2007	561 823	642 020	308 606	358 614

Ces indicateurs ont été calculés pour les offices de notaires et d'huissiers de justice uniquement. En effet ces deux professions sont celles pour lesquelles le nombre de cessions enregistrées apparaît suffisamment important pour que les indicateurs calculés soient significatifs.

B \ LES DONNEES FISCALES

Dans les dossiers de cessions des offices figurent les déclarations fiscales qui sont presque essentiellement des déclarations IR. Les données saisies et enregistrées dans PEPS sont celles des différentes rubriques de ces déclarations fiscales fournies pour différentes années (1994 à 2006), selon les dossiers.
Au 31 décembre 2007, on dénombre dans la base de données, au total, 8 809 déclarations fiscales IR enregistrées pour 2125 offices (un tiers d'offices individuels, deux tiers d'offices en société). Pour près de 95 % de ces offices la base contient au moins 3 années de déclarations fiscales ; toutefois toutes les rubriques de toutes les déclarations ne sont pas nécessairement remplies.

Répartition des déclarations fiscales enregistrées selon la profession et l'année de déclaration

Année de déclaration fiscale	Avocat aux Conseils	Avoué	Commissaire -priseur judiciaire	Greffier des tribunaux de commerce	Huissier de justice	Notaire	*Ensemble*
1994						1	1
1995						1	1
1998				4	22	7	33
1999			3	9	98	119	229
2000	1	5	13	16	113	214	362
2001	8	39	25	38	503	1087	1700
2002	9	51	43	41	582	1268	1994
2003	8	47	39	36	571	1233	1934
2004	3	28	29	24	397	940	1421
2005	2	19	13	10	237	593	874
2006	1	9	5	1	60	184	260
Total	32	198	170	179	2583	5647	8809

Les revenus : les montants minimum, maximum et moyen du total recettes[1] et du bénéfice[2]

Pour toutes les professions le calcul des indicateurs n'a pris en compte que les données les plus « récentes » soient à partir de l'année 2001.

Dans les indicateurs présentés ici, la distinction par année n'est conservée que pour les notaires et les huissiers de justice, professions pour lesquelles on a enregistré le plus grand nombre de déclarations.

Pour l'ensemble des professions, les indicateurs ont été établis pour différentes périodes :
→ 2001-2006 : les calculs prennent en compte les déclarations des 5 dernières années,
→ 2002-2006 les calculs prennent en compte les déclarations des 4 dernières années,
→ 2003-2006 les calculs prennent en compte les déclarations des 3 dernières années.

[1] *Le total des recettes correspond à l'ensemble des sommes perçues (total des honoraires) auquel, d'une part, on retranche les débours payés pour le compte des clients et les honoraires rétrocédés, et d'autre part on ajoute les produits financiers et les gains divers.*
[2] *Il s'agit du bénéfice imposable ; le montant du bénéfice correspond à la différence entre le total des recettes et le total des dépenses auquel on ajoute les plus values à court terme et les montants divers à réintégrer.*

TOTAL RECETTES

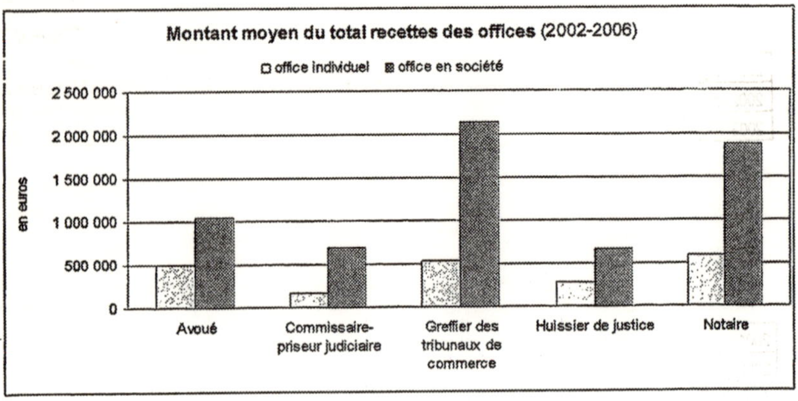

NOTAIRE

	Office individuel				Office en société			
	Nombre de déclarations	Montant moyen	Montant minimum	Montant maximum	Nombre de déclarations	Montant moyen	Montant minimum	Montant maximum
2001	338	475 523	22 750	2 575 367	745	1 624 402	138 689	24 758 814
2002	394	509 825	55 797	2 674 497	873	1 676 453	111 267	27 940 954
2003	379	552 431	19 064	2 821 373	853	1 807 392	229 983	30 099 180
2004	273	642 787	25 246	3 286 554	666	1 998 412	240 645	24 077 168
2005	145	721 404	12 881	3 187 346	448	2 095 092	279 586	17 114 319
2006	36	758 585	139 739	2 944 812	148	2 067 399	284 499	18 160 107
2001-2006	1 565	561 254	12 881	3 286 554	3 733	1 819 166	111 267	30 099 180
2002-2006	1 227	584 870	12 881	3 286 554	2 988	1 867 727	111 267	30 099 180
2003-2006	833	620 366	12 881	3 286 554	2 115	1 946 678	229 983	30 099 180

HUISSIER DE JUSTICE

	Office individuel				Office en société			
	Nombre de déclarations	Montant moyen	Montant minimum	Montant maximum	Nombre de déclarations	Montant moyen	Montant minimum	Montant maximum
2001	186	248 562	12 682	1 197 860	317	636 428	72 981	3 485 474
2002	218	258 697	9 715	1 287 700	363	645 995	67 555	3 534 300
2003	211	274 144	7 354	1 505 681	360	656 752	41 551	3 372 537
2004	150	281 928	7 871	1 347 191	246	692 227	108 639	3 557 718
2005	90	277 486	6 640	1 218 426	147	705 047	97 200	3 305 744
2006	18	407 933	80 653	1 126 692	42	699 521	236 502	2 393 062
2001-2006	873	269 277	6 640	1 505 681	1 475	661 684	41 551	3 557 718
2002-2006	687	274 885	6 640	1 505 681	1 158	668 598	41 551	3 557 718
2003-2006	469	282 410	6 640	1 505 681	795	678 919	41 551	3 557 718

ANNEXES

AVOUE

	Office individuel				Office en société			
	Nombre de déclarations	Montant moyen	Montant minimum	Montant maximum	Nombre de déclarations	Montant moyen	Montant minimum	Montant maximum
2001-2006	35	480 439	61 161	1 432 325	158	1 028 014	245 174	2 427 171
2002-2006	25	501 899	177 972	1 432 325	129	1 044 539	245 174	2 427 171
2003-2006	15	474 554	180 233	1 091 209	88	1 066 299	262 826	2 387 909

COMMISSAIRE-PRISEUR JUDICIAIRE

	Office individuel				Office en société			
	Nombre de déclarations	Montant moyen	Montant minimum	Montant maximum	Nombre de déclarations	Montant moyen	Montant minimum	Montant maximum
2001-2006	77	201 851	4 133	830 926	77	753 605	4 231	5 559 472
2002-2006	64	169 287	4 133	650 181	65	694 597	4 231	5 559 472
2003-2006	42	138 283	4 133	513 671	44	487 967	4 231	5 069 639

GREFFIER DES TRIBUNAUX DE COMMERCE

	Office individuel				Office en société			
	Nombre de déclarations	Montant moyen	Montant minimum	Montant maximum	Nombre de déclarations	Montant moyen	Montant minimum	Montant maximum
2001-2006	76	538 604	85 792	4 034 002	74	2 219 270	258 980	20 784 225
2002-2006	57	543 250	88 831	4 034 002	55	2 133 790	258 980	20 784 225
2003-2006	36	564 716	92 670	3 881 483	35	1 952 377	321 724	20 567 893

AVOCATS AUX CONSEILS

	Office individuel				Office en société			
	Nombre de déclarations	Montant moyen	Montant minimum	Montant maximum	Nombre de déclarations	Montant moyen	Montant minimum	Montant maximum
2001-2006	13	1 173 408	607 763	1 723 666	18	1 786 552	475 910	3 094 055
2002-2006	11	1 223 072	607 763	1 723 666	12	1 894 614	508 087	3 094 055
2003-2006	8	1 295 447	607 763	1 723 666	6	1 982 791	508 087	3 094 055

BENEFICE

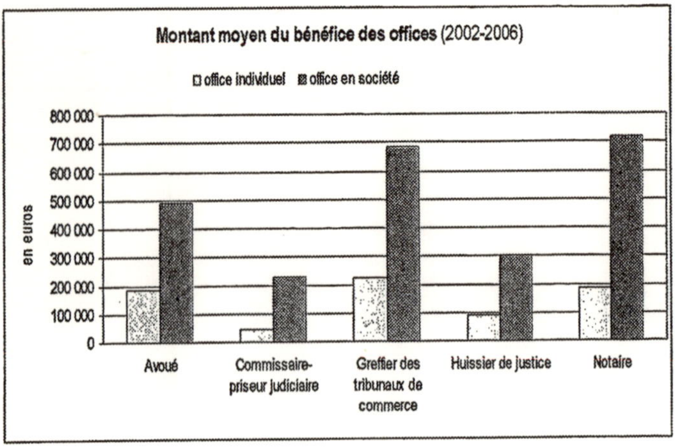

NOTAIRE

	Office individuel				Office en société				
	Nombre de déclarations	Montant moyen	Montant minimum	Montant maximum	Nombre de déclarations	Montant moyen par office	Montant moyen par associé[3]	Montant minimum	Montant maximum
2001	335	137 397	2 988	945 301	743	598 088	227 410	38 345	16 411 114
2002	389	148 462	1 585	992 240	874	619 056	235 383	10 131	15 000 831
2003	376	166 768	4 175	1 031 483	849	672 284	255 621	4 112	14 374 862
2004	271	206 832	2 950	1 273 451	663	785 493	298 667	7 648	12 552 277
2005	142	261 423	10 054	1 413 168	447	854 976	325 086	59 606	8 461 358
2006	34	259 579	44 774	1 095 027	148	840 257	319 489	36 491	7 394 951
2001-2006	1 547	173 551	1 585	1 413 168	3 724	693 748	263 782	4 112	16 411 114
2002-2006	1 212	183 545	1 585	1 413 168	2 981	717 591	272 848	4 112	15 000 831
2003-2006	823	200 127	2 950	1 413 168	2 107	758 464	288 389	4 112	14 374 862

[3] *Pour chacune des professions, le montant annuel moyen du bénéfice par associé a été estimé en divisant le montant moyen obtenu pour l'office par le nombre moyen d'associés des offices en société observé sur l'échantillon de données économiques pour la période 2004-2008.*

ANNEXES

HUISSIER DE JUSTICE

	Office individuel				Office en société				
	Nombre de déclarations	Montant moyen	Montant minimum	Montant maximum	Nombre de déclarations	Montant moyen par office	Montant moyen par associé [3]	Montant minimum	Montant maximum
2001	181	79 883	4 479	430 312	311	286 410	124 526	16 987	1 578 228
2002	209	83 674	3 169	673 713	361	291 137	126 581	17 379	1 543 252
2003	201	92 323	3 506	785 753	353	298 090	129 604	11 368	1 773 515
2004	147	96 239	3 788	690 251	246	316 518	137 617	13 660	1 281 765
2005	86	93 504	3 854	459 640	147	311 599	135 478	7 240	1 287 968
2006	18	125 041	15 888	523 104	42	309 078	134 382	61 816	1 318 151
2001-2006	842	89 006	3 169	785 753	1 460	298 664	129 854	7 240	1 773 515
2002-2006	661	91 504	3 169	785 753	1 149	301 981	131 296	7 240	1 773 515
2003-2006	452	95 124	3 506	785 753	788	306 949	133 456	7 240	1 773 515

AVOUE

	Office individuel				Office en société				
	Nombre de déclarations	Montant moyen	Montant minimum	Montant maximum	Nombre de déclarations	Montant moyen par office	Montant moyen par associé [3]	Montant minimum	Montant maximum
2001-2006	34	173 733	22 560	914 447	158	476 107	201 740	18 318	1 213 800
2002-2006	24	184 033	35 715	914 447	129	492 291	208 598	18 318	1 213 800
2003-2006	14	158 780	35 715	329 682	88	510 208	216 190	26 857	1 157 154

COMMISSAIRE-PRISEUR JUDICIAIRE

	Office individuel				Office en société				
	Nombre de déclarations	Montant moyen	Montant minimum	Montant maximum	Nombre de déclarations	Montant moyen par office	Montant moyen par associé [3]	Montant minimum	Montant maximum
2001-2006	64	52 627	341	427 389	65	249 765	122 434	975	1 723 761
2002-2006	52	43 295	341	188 281	54	227 013	111 281	975	1 723 761
2003-2006	34	42 593	341	160 884	37	169 856	83 263	975	1 723 761

GREFFIER DES TRIBUNAUX DE COMMERCE

	Office individuel				Office en société				
	Nombre de déclarations	Montant moyen	Montant minimum	Montant maximum	Nombre de déclarations	Montant moyen par office	Montant moyen par associé [3]	Montant minimum	Montant maximum
2001-2006	76	220 355	17 729	2 068 822	74	703 882	345 040	74 963	3 925 454
2002-2006	57	223 997	17 729	2 068 822	55	683 254	334 929	74 963	3 821 778
2003-2006	36	233 352	17 729	1 987 828	35	651 219	319 225	90 813	3 746 150

AVOCAT AUX CONSEILS

	Office individuel				Office en société				
	Nombre de déclarations	Montant moyen	Montant minimum	Montant maximum	Nombre de déclarations	Montant moyen par office	Montant moyen par associé [3]	Montant minimum	Montant maximum
2001-2006	13	629 319	235 471	929 399	17	1 075 346	537 673	337 586	1 728 506
2002-2006	11	647 730	235 471	929 399	11	1 164 117	582 058	360 915	1 728 506
2003-2006	8	694 465	235 471	929 399	6	1 080 495	540 247	360 915	1 714 203

DIRECTION GENERALE
DU TRESOR ET DE LA POLITIQUE ÉCONOMIQUE
SERVICE DES POLITIQUES PUBLIQUES
SOUS-DIRECTION DES POLITIQUES SECTORIELLES

Paris, le

31 AOU 2009

BUREAU : ACTIVITES TERTIAIRES ET CONCURRENCE / POLSEC 2

AFFAIRE SUIVIE PAR :
N° GIN : 200902422

27 AOUT 09-2004 CD

NOTE POUR LE MINISTRE

OBJET : **Analyse économique des préconisations relatives au notariat formulées par la « commission Darrois »**

P.J. : - Polsec2-2009-033 - Analyse et propositions de réforme de la réglementation encadrant l'activité des notaires
- Polsec2-2009-045 - Réaction aux propositions formulées par la « commission Darrois » concernant la profession notariale

Les suites législatives qui seront prochainement données au « rapport relatif aux professions du droit » remis par Maître Darrois au Président de la République en mars 2009, conduisent à s'interroger sur la pertinence des principales préconisations formulées par la rapport afin de favoriser un service notarial plus dynamique et compétitif, en s'appuyant sur l'analyse du cadre réglementaire en vigueur : *(1)* recourir à la création de « sociétés de participation pluridisciplinaires » (SPM) afin de contribuer à l'amélioration quantitative de l'offre notariale ; *(2)* recourir à la création de SPM afin de favoriser le décloisonnement des professions juridiques ; *(3)* accepter la reconnaissance d'un « acte contresigné par un avocat » susceptible de se substituer aux actes authentiques des notaires dans certains domaines spécifiques.

1) Pour libérer l'offre de service notarial, le recours aux « sociétés de participation multidisciplinaires » apparaît moins efficace que la définition de quotas « plancher » d'offices par circonscription judiciaire

Le problème central de l'insuffisance du nombre d'offices et de notaires en exercice ainsi que les limites du dispositif actuel ne permettant pas à tous les diplômés du notariat d'être nommés, est critiqué à juste titre par les auteurs du rapport[1]. En effet, entre 2001 et 2008, on constate une diminution du nombre d'offices en activité (on dénombrait en 2008, 45 offices de moins qu'en 2000) alors que chaque année, entre 500 et 600 jeunes obtenaient leur diplôme.

Afin d'absorber l'excédent de jeunes notaires se présentant sur le marché notarial, la commission suggère de contourner le *numerus clausus* de fait actuel, en s'appuyant sur le développement des « sociétés de participation multidisciplinaires » préconisé par ailleurs[2]. Concrètement, il s'agirait de permettre à tout diplômé de poser sa candidature à une création d'office au sein de ces SPM, dont le développement serait encouragé, sans avoir à passer le concours instauré pour leur nomination. En pratique, toute nomination d'un diplômé notaire dans ce cadre serait uniquement soumise au pouvoir d'appréciation du Garde des sceaux. Le dispositif proposé pourrait potentiellement avoir

[1] Voir P.J. 1

[2] Voir infra.

1

un effet significatif sur l'amélioration de l'offre de service notarial et favoriser le développement de l'activité et l'emploi des notaires nouvellement diplômés.

Toutefois, malgré l'intérêt indéniable de ce mécanisme, il convient de le considérer avec prudence, dans la mesure où les contradictions relevées quant aux modalités de sa mise en œuvre, risquent d'en atténuer fortement la portée. En effet, les critères d'appréciation du Garde des sceaux en matière de viabilité des offices à créer pourraient être détournés à des fins malthusiennes. Par ailleurs, la logique du rationnement pourrait être reconduite dans le cadre du système proposé, la commission évoquant la possibilité de limiter, par un mécanisme de quotas, le nombre d'offices notariaux qu'il serait possible d'intégrer dans ces sociétés de participation multidisciplinaires.

Ces réserves conduisent à privilégier une autre voie de réforme *a priori* plus efficace consistant en la définition de nombres d'offices « planchers » par circonscription judiciaire. Cette solution de premier rang, défendue par la DGTPE, permettrait de concilier la libération de l'offre notariale avec les impératifs légitimes de maillage territorial. Par ailleurs, on peut regretter que le rapport n'assortisse pas sa proposition d'une mesure d'accompagnement tarifaire efficace[3]. La transformation des émoluments réglementés actuels en tarifs plafonds dans le domaine de la rédaction d'actes aurait pourtant pu être envisagée afin de renforcer les effets pro-concurrentiels de cette suppression du *numerus clausus* de fait sur les prix.

2) La création des SPM pourrait également contribuer efficacement au décloisonnement des professions du droit, sous réserve des modalités mises en œuvre quant à la participation d'investisseurs non professionnels dans leur capital

Rejoignant les positions de la DGTPE sur ce point, la commission fournit une analyse pertinente des effets négatifs, en termes de qualité de service et de compétitivité de notre système juridique, du morcellement excessif des professions juridiques dans notre pays[4]. Afin d'y remédier, les auteurs recommandent la création de « sociétés de participation multidisciplinaires », regroupant des structures exerçant par exemple, les professions d'avocat, de notaire, d'avocat au Conseil d'Etat et à la Cour de cassation, d'expert-comptable et d'administrateur judiciaire. Déjà préconisée par la DGTPE dans de précédents travaux, une telle réforme constituerait une avancée notable, en autorisant le développement de services conjoints entre les différentes professions, en particulier entre notaires et avocats[5]. Les usagers pourraient ainsi bénéficier d'une offre « multiservices » globale, susceptible de réduire le nombre d'interlocuteurs intervenants dans leurs démarches et donc leurs coûts.

Cependant, les imprécisions du rapport relatives aux règles de détention du capital applicables à ces SPM ne permettent pas d'estimer précisément les effets de cette mesure sur le développement des activités de services juridiques. Il semble pourtant que l'un des objectifs poursuivis soit de permettre l'intervention d'investisseurs non professionnels dans le capital social des SPM[6]. Sous

[3] La commission propose un dispositif *a priori* difficilement applicable, à travers la possibilité d'autoriser une remise partielle sur les émoluments du notaire permettant au client de rémunérer son avocat.

[4] Voir note POLSEC2-2006-062/JL « Eléments d'analyse du plan d'action pour les professions libérales élaboré par la CNCPL et le ministère des PME, du commerce, de l'artisanat et des professions libérales ».

[5] Les sociétés d'exercice libéral (SEL), comme les sociétés de participation financière des professions libérales (SPFPL), sont actuellement tenues d'avoir un objet professionnel unique.

[6] Les sociétés pluridisciplinaires auraient la faculté de prendre la forme d'une SA ou d'une SARL, statut permettant d'envisager l'intervention d'investisseurs extérieurs dans leur capital, sans aucune restriction quant au niveau de leur participation. Par ailleurs, ces sociétés interprofessionnelles pourraient détenir la majorité du capital d'une SEL ou

2

réserve de précisions ultérieures, une telle possibilité pourrait *de facto* signifier la fin de l'interdiction actuelle de recourir aux capitaux extérieurs dans les sociétés d'exercice libéral des professions juridiques[7]. Si cette interprétation venait à être confirmée, la préconisation du « rapport Darrois » constituerait une avancée déterminante pour le développement économique des professions juridiques, en phase avec les positions défendues par la DGTPE. Les professionnels, et notamment les notaires, disposeraient ainsi des moyens de financement et de concentration nécessaires à l'amélioration de leur compétitivité.

3) « L'acte d'avocat » introduirait une brèche dans le monopole d'activité des notaires mais une ouverture plus large aux transactions immobilières aurait pu être envisagée

Le rapport suggère d'introduire la possibilité pour les avocats de produire des actes dotés de la force probante et de la date certaine dans de nombreux domaines de la vie courante et du droit des entreprises, par la création d'une nouvelle catégorie d'acte intermédiaire entre le contrat rédigé sous seing privé et l'acte authentique des notaires : « l'acte contresigné par un avocat »[8]. Cette initiative mérite d'être saluée dans la mesure où l'effet de substitution généré par la création de l'acte d'avocat – dont le tarif serait fixé librement – introduirait une liberté de choix pour les particuliers et les entreprises de nature à stimuler la demande en faveur de prestations renforçant la sécurité juridique des actes civils ou commerciaux. Par ailleurs, l'acte contresigné fournirait aux avocats français un nouvel outil compétitif dans un contexte de concurrence accrue entre les juristes des différents pays de l'Union Européenne[9].

On peut toutefois regretter que les auteurs n'aient pas souhaité prolonger plus avant cette logique d'ouverture à d'autres catégories d'actes telles les transactions immobilières, pour lesquelles, contrairement à la position défendue par la commission, le monopole des notaires ne paraît pas pleinement justifié[10]. Une telle réforme, plus ambitieuse, aurait permis d'élargir le champ concurrentiel de l'activité, sans davantage de risques pour les consommateurs.

*

* *

Malgré une analyse souvent en phase avec les positions de la DGTPE, les propositions témoignent d'un certain manque d'ambition et de clarté, en raison, sans doute, de l'esprit consensuel qui semble avoir dominé les réflexions de la commission présidée par Maître Darrois. Des voies de réforme plus ambitieuses et plus efficaces, en matière de libération de l'offre notamment, auraient pu être envisagées.

LE DIRECTEUR GENERAL

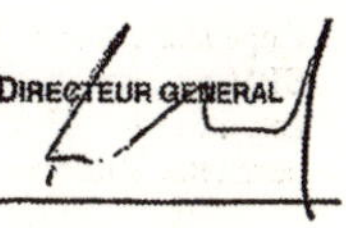

[redacted]

d'une SPFPL (dont l'indépendance serait garantie par une triple exigence : une direction assurée par les professionnels, la détention majoritaire, par les professionnels, des droits de vote aux assemblées et aux conseils d'administration).

[7] Dans l'absolu, une structure interprofessionnelle constituée majoritairement par des non professionnels pourrait détenir tout le capital d'une société d'exercice libéral de notaire, par exemple.

[8] A la différence de l'acte authentique, l'acte contresigné ne disposerait pas de la force exécutoire.

[9] L'acte d'avocat pourrait notamment concurrencer le « deed » anglais, acte rédigé en la forme solennelle et signé par la personne qui s'engage en la présence d'un témoin certifiant sa signature.

[10] Voir note POLSEC2-2009-033/EB déjà citée en référence.

Remerciements

Impossible ici de remercier tous ceux qui nous ont éclairés lors de cette enquête au long cours. Dans le respect de leur anonymat, nous remercions ces notaires, ces avocats et ces multiples témoins qui nous ont accordé temps et confiance.

Nous remercions également pour leur attention et leurs conseils Anne, Arnaud, Sylvie Delassus, Didier, Emmanuel, Marion, Nathalie, Olivier, Pascal, Philippe, Sandrine, Séverine, Valérie de Senneville et Vincent.

Nos pensées vont à Jeanne Villeneuve, sans laquelle ce livre coécrit n'aurait pu voir le jour.

Table

Cet ouvrage a été imprimé
en septembre 2010 par

CPI

FIRMIN-DIDOT

27650 Mesnil-sur-l'Estrée
N° d'édition : 50503/01
N° d'impression : 101583
Dépôt légal : octobre 2010

Ce volume a été composé et mis en pages
par ÉTIANNE COMPOSITION
à Montrouge.

Imprimé en France.